金融科技系列

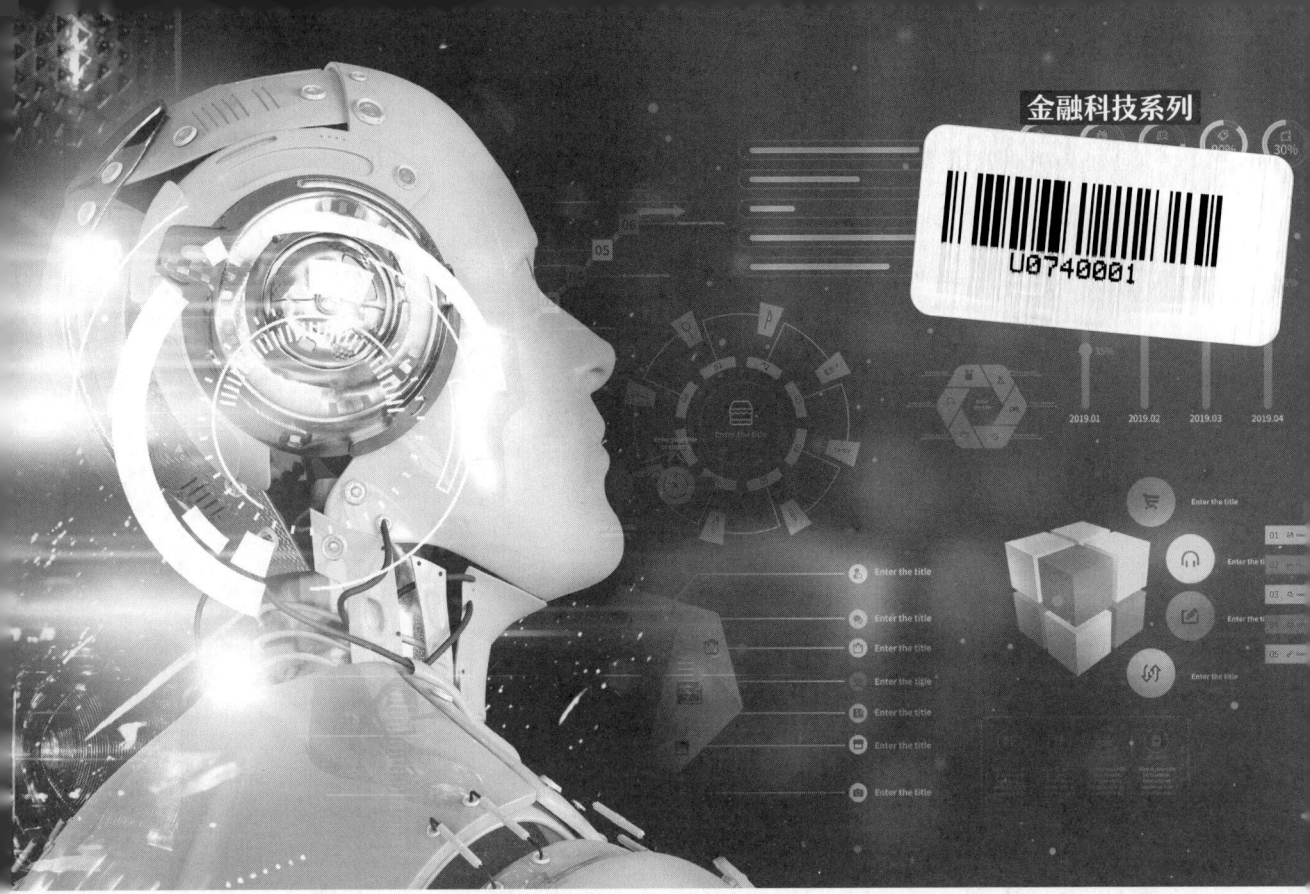

金融 中的

人工智能

Hands-On Artificial Intelligence for Banking

吴汉铭 〔印〕苏哈什·沙阿（Subhash Shah）◎著 叶伟民◎译

人民邮电出版社

北京

图书在版编目（CIP）数据

金融中的人工智能 / 吴汉铭，（印）苏哈什·沙阿著；
叶伟民译. -- 北京 ：人民邮电出版社，2022.5
（金融科技系列）
ISBN 978-7-115-57919-5

Ⅰ. ①金… Ⅱ. ①吴… ②苏… ③叶… Ⅲ. ①人工智
能－应用－金融 Ⅳ. ①F830.49

中国版本图书馆CIP数据核字(2021)第234284号

版 权 声 明

◆ 著　　　吴汉铭
　　　　　[印] 苏哈什·沙阿（Subhash Shah）
　译　　　叶伟民
　责任编辑　胡俊英
　责任印制　王　郁　焦志炜
◆ 人民邮电出版社出版发行　　北京市丰台区成寿寺路 11 号
　邮编　100164　电子邮件　315@ptpress.com.cn
　网址　https://www.ptpress.com.cn
　大厂回族自治县聚鑫印刷有限责任公司印刷
◆ 开本：800×1000　1/16
　印张：14.75　　　　　　　　　2022 年 5 月第 1 版
　字数：241 千字　　　　　　　2022 年 5 月河北第 1 次印刷
　著作权合同登记号　图字：01-2021-0899 号

定价：79.90 元
读者服务热线：(010)81055410　印装质量热线：(010)81055316
反盗版热线：(010)81055315
广告经营许可证：京东市监广登字 20170147 号

内容提要

近年来，人工智能在各个领域被广泛应用，但对于很多金融从业人员来说，人工智能仍然给人一种高深莫测的感觉。本书旨在从新技术（如人工智能）的视角给出金融业务的新兴解决方案。

本书内容通俗易懂，不仅揭示了人工智能在金融业中的重要性，还结合机器学习算法和示例给出了一系列的金融科技解决方案，涉及时间序列分析、强化学习、预测分析、自动化投资组合管理、情绪分析、自然语言处理等知识点。此外，本书还结合现实工作总结了相关的注意事项。

本书适合传统金融行业的从业者以及新兴金融科技领域的实践者阅读。读者可从本书深入浅出的知识点和案例中了解到人工智能的魅力，为更好地运用人工智能技术赋能金融业务做好准备。

作者和审稿人简介

关于作者

　　吴汉铭（Jeffrey Ng），特许金融分析师（CFA），注册金融科技师（CFT），毕业于香港理工大学计算机与管理专业，并持有香港中文大学的金融 MBA 学位。曾任平安壹账通银行（香港）有限公司（Ping An OneConnect Bank (Hong Kong) Limited）金融科技部负责人（head of FinTech solutions）。他致力于推进人工智能在银行和金融生态系统中的应用。在此之前，他曾是法国巴黎银行（BNP Paribas）亚太区数据实验室的领导，为企业构建人工智能和数据分析的解决方案，并担任我国香港地区的法国工商会金融科技委员会（French Chamber of Commerce's FinTech Committee）的副主席。2010 年，作为将客户分析应用到投资银行业务的先驱之一，他在银行中建立了分析团队。他曾与普华永道咨询（PwC Consulting）公司和通用电气消费者金融集团（GE Money）合作，在零售银行和商业银行中开展人工智能项目。

　　我要感谢我的家人和大学导师，感谢他们在我人生中最黑暗的时刻给予我的鼓励。

　　苏哈什·沙阿（Subhash Shah），在 AIMDek Technologies 私人股份有限公司担任技术主管（head of technology）。他是一位经验丰富的解决方案架构师，拥有超过 12 年的相关工作经验。他拥有信息技术学位，是开源代码的倡导者，并擅长利用开源代码以较低成本解决关键业务问题。他的兴趣包括微服务、数据分析、机器学习、人工智能和数据库。他是优质代码和测试驱动的开发（Test Driven Development，TDD）的崇尚者。他的技能包括但不限于：将业务需求转化为可扩展的架构、设计可持续的解决方案以及项目交付。他是 *MySQL 8 Administrator's Guide* 和 *Hands-On High Performance with Spring 5* 两本书的合著者。

关于审稿人

阿尼尔·阿曼瓦（Anil Omanwar）是一个充满活力的人，对最新的技术趋势和研究充满热情。他在认知计算领域有超过 13 年的研究经验，自然语言处理、机器学习、信息可视化和文本分析都是他研究兴趣的一部分。他精通银行、石油和天然气、生命科学、制造业、零售业等多个业务领域的情感分析、基于问卷的反馈、文本聚类和短语提取。他目前在 IBM 澳大利亚公司担任数据科学平台专家（data science platform specialist），为企业开发和提供人工智能化平台与解决方案。他拥有包括自然语言处理自动化和智能设备在内的多项新兴技术专利。

普亚·贾姆希迪亚（Pouya Jamshidiat）是人工智能、金融科技和生命科学等领域屡获殊荣的产品领导者和战略专家。他是 Product School 的特邀演讲嘉宾，也是 *The AI Book* 一书的合著者。他是 Pioneer Minds 有限公司的创始人。之前，他曾在劳埃德银行集团（Lloyds Banking Group）担任高级产品负责人（senior product owner），负责人工智能在银行各个部门的应用。他将先进的搜索和知识管理技术引入劳埃德银行集团。他曾在 IBM 公司担任高级产品设计顾问（senior product design consultant），在 Monitise 公司担任高级产品负责人。他设计过手机银行并且主张商业价值优先。最近，普亚转战生命科学领域，加入了 Eagle Genomics 公司，帮助其应用人工智能来解决科学家面临的大难题。

译者简介

叶伟民，美国海归，曾翻译过《图数据库实战》《.NET 内存管理宝典》等图书，目前在研究金融行业的人工智能应用与技术。

业界推荐

有幸和本书的作者吴汉铭共事过一段时间，吴先生在金融科技的应用方面一直是团队翘楚，提出了众多优秀的建议，并能够将其落到实处，其深厚的功力可见一斑。

尽管人工智能已经在金融领域被广泛应用，但对于很多金融从业人员来说，人工智能仍然给人一种高深莫测的感觉。虽然我大学阶段的专业是计算机，但在职业生涯的前 20 年，大部分时间都在银行或者咨询公司工作。对于金融从业人员的困惑时常感同身受——到底什么是人工智能？我们怎么样用好人工智能？人工智能能够怎么样帮到我？我会不会面临被淘汰的危险？这些问题都能在本书中找到答案。

我强烈向金融机构从业人员推荐本书，希望本书能够帮助大家更早、更快、更好地了解人工智能，学会人工智能，应用人工智能，张开双手迎接人工智能时代的到来。

——费轶明

壹账通金融科技有限公司

副总经理，企业金融 CEO，董事会秘书

本书文字通俗易懂，内容饱满有层次，对于从事金融科技工作的读者很友好，读完本书既可以了解到金融业务知识，又可以从技术角度了解人工智能如何在金融业的发展中发挥重要作用。金融科技从业者一定会从中受益良多。

——杜蓉

光大银行总行信息科技部业务副经理

在金融科技赋能银行数字化转型的理念下，越来越多的银行将 RPA 与 AI 相结合，采用 OCR、NLP、语音识别等 AI 技术，优化部门的作业流程。银行不缺技术，缺的是在业务领域拓展 AI 技术的方法论，而本书恰如"大旱遇甘霖"般地弥补了这一缺憾。

本书能够帮助银行进一步优化部门的作业流程，减少低价值工作，建立自动化工作思路，充分发掘业务场景中的标准化、规则化内容，帮助银行员工从简单工作劳动者向业务专家管理者升级，从而为员工赋能。

——潘淳

中国邮政储蓄银行信息科技管理部

当前的图书市场上还没有一本能让我满意的描述 AI 应用于金融业的图书，而本书恰好填补了此空白。本书全面覆盖了金融控股集团的诸多业务，包括信贷业务、投资业务、投行业务、资产组合管理、证券推介业务、零售财富管理业务，并且均给出了充分的介绍，帮助读者建立起认知框架。更难能可贵的是，本书既有业务描述又有技术描述，而且还有基于 Python 的代码实现，堪称"手把手教学"。而且，本书并未涉及晦涩的数学推导，因此降低了阅读门槛。

我在阅读完本书时大呼过瘾，这是一本绝对的"金融科技式"的著作，感谢叶伟民先生将其翻译出来，也相信读者能从中受益，希望本书能对中国金融业的金融科技进步有所助益。

——曹欣田

国内某股份制银行金融科技子公司

总览全书，如同经历了一场无与伦比的金融领域人工智能之旅！本书用通俗易懂的语言、独特的视角、丰富的用例，阐述了人工智能的重要性及其在金融业的实际应用。同时，本书在建模方法论的基础上，从商业银行、投资银行等业务领域出发，用人工智能技术解决了有关金融业务的问题，这对每一个金融从业者都具有极为宝贵的启发意义。

——陈俊

某标杆农商银行 PMO

推荐序 1

在新冠疫情的影响下，消费者的行为习惯和心态逐渐发生了改变。疫情形势下，许多银行的分行关闭，网上银行的用户量大幅增长，线上活跃客户的渗透率逐渐增加，网购以及非接触式付款交易的比例亦有所上升。可见疫情作为催化剂推动了消费者更快适应银行数字化的进程，应用人工智能（AI）进行数字化转型已是不可逆转的大趋势。这一切的变化意味着消费者对银行数字化服务的要求会愈来愈高，虚拟银行与传统银行及其他科创行业也正因此争相挖掘科技人才。

我在 2017 年与金融业界及科技业界的精英联合成立了"亚洲金融科技师学会（IFTA）"，开设金融科技师认证，旨在集结业界精英，培养金融科技人才，建立科研人才储备，推动行业发展。感谢本书的作者吴先生担任 IFTA 数据分析委员会主席，为推动中国香港金融科技的发展出一份力。他在这方面的资历丰富，又曾在不少知名学府任教。教学相长，这令他的作品更能适应读者要求。

本书详述了人工智能如何应用于银行业务，结合理论及实战，站在从业人员的角度带你走进人工智能和深度学习的领域，包括利用 Python 自动处理商业银行业务，以自然语言处理方式预估市场反应并实现数据可视化等。不论你是经验丰富的银行从业人员，抑或是有志投身金融科技行业的毕业生，本书都绝对值得一读。

未来，我们希望通过亚洲金融科技师学会（IFTA）这个平台培养出更多更好的金融科技人才。

——庞宝林

东骥基金管理有限公司董事总经理

亚洲金融科技师学会主席及创办人

推荐序 2

我和本书译者叶伟民相识于一个技术微信群，他一直是.NET 技术社区的活跃推动者，也是经验老到的译者，翻译过多本大作。后来我们有幸成为同事，他现在是我们公司人工智能团队的一员，可以说就是"人工智能银行业实践"的践行者之一，由他来翻译本书再合适不过。

人工智能的概念在 20 世纪 50 年代就提出来了，但是在最近几年才突然爆发，这一切的变化离不开 ABC 的组合。

A——人工智能自身算法的演进，特别是深度学习的出现；

B——大数据，它是人工智能的精神食粮；

C——云计算，它使计算资源大大丰富，计算成本大大降低。

而在 ABC 的组合中，有价值的大数据最为重要。

银行业拥有大量真实的决策数据，如果某家银行能利用好这些大数据，它就相当于一家人工智能公司。今天的互联网公司，特别是头部的互联网公司都声称自己是人工智能公司，其核心就是拥有有价值的大数据。

如今，很多人工智能的算法都是公开的，人工智能的技术门槛并不高，AI 已经算不上是什么"黑科技"。所以，不管是银行业的技术团队，还是业务团队，都应该认真挖掘所拥有的业务数据的价值，并利用人工智能把它们发扬光大，从而打造出面向未来的新一代金融服务。因此，只要利用好自己的大数据，任何公司都可以成为人工智能公司。在这方面，银行业坐拥海量的高价值数据，自然要当仁不让。

人工智能会改变一些行业的形态。对于银行业，风险管理一直是很重要的命题。那么像银行业这样对风险敏感的行业，如何在引入人工智能的同时，管理好风险呢？

对于风险管理，当前世界上有两种模式。在欧美国家，通常的做法是，当一种新生事物的萌芽出现时，他们会花很长时间，组织一帮专家，进行各种讨论，并制定相应的法律法规。而我们国家则走了另一条路径，就是先让新生事物自己发展一段时间——"让子弹先飞一会"，然后再从政策层面去规范它，使它能够持续发展。

对于上述两种做法，孰优孰劣呢？也许各有利弊。但是我们确实看到了像人工智能这样的新生事物的活力，人工智能也确实为我们开拓了一种新的发展思路。尽管在目前阶段人工智能在银行业的实践和落地还有一些非技术的障碍，但并非没有出路。

本书除了介绍理念以外，也通过一个个具体的银行业业务场景，给出了实践方法以及可执行的代码，堪称让多数人都可以入门、理解和参考的宝典。

最后想强调一点，我国在人工智能领域已经占有了一席之地，本书的翻译和出版也将为这个领域添砖加瓦，贡献力量。

——刘华

汇丰科技云平台技术主管

《猎豹行动：硝烟中的敏捷转型之旅》《软件交付那些事儿》作者

《图数据库实战》中文译者之一

推荐序 3

中国自从改革开放以来经历了天翻地覆的变化，如今已经是世界第二大经济体，占全球 GDP 的比重超过 16%。而中国的经济增长模式也正由过去的要素投入型走向创新驱动型。创新需要金融市场的辅助，更需要科技赋能。

在历经金融大统一、分业经营及综合经营的不同时代后，中国金融业正在迈入金融科技（FinTech）的 4.0 时代。第三方支付等金融形式的出现，逐渐证明了科技对金融的价值。金融科技正式成为新的市场力量，以大数据、云计算、区块链以及人工智能为首的新兴技术推动了这一场金融科技革命。

近年来，人工智能（AI）的发展和规划得到了国家层面的高度重视和政策支持，逐步确定了人工智能技术在战略发展中的重要性。在过去十年，传统金融不断被新兴互联网金融所挑战，金融科技在优越的用户体验、高效率、低成本、迅速推出新产品以及开拓新市场等方面都体现了巨大的优势。互联网银行的典范——微众银行在成立的第二年就开始盈利，短短数年利润达到 100 亿元，估值 1100 亿元，客户数量超过 7100 万。这些成就的取得少不了良好的策略、科技以及人才的支撑，金融科技在其中发挥了举足轻重的作用。

市面上有许多关于人工智能、数字化转型以及现代金融业务的图书，比较罕有的是专注于人工智能的金融科技书籍。本书从洞察者及实践者的角度描述了数字驱动下的新金融，涉及主流的技术方案、业界流行的金融服务平台以及许多实际案例。希望本书能启发更多金融及 IT 从业者对金融科技进行思考，从而推动中国金融业改革再上新台阶。

——欧阳超信（Greg Au-Yeung）

资深银行 IT 高管

上海复旦大学高级顾问

启蒙中国（Inspiring China）YouTube 频道主持

译者序

你是否遇到过这样的苦恼？

你很想学人工智能，但是看到数学就头痛。

你很想学人工智能，但是看了很多概念就是理解不了、记不住。

你看过很多人工智能的书，但是过了一段时间，学过的这些知识都忘记了。

除了数学，从业务入手也是一个不错的学习方法

如果从你感兴趣和容易掌握的金融业务知识入手，也许会更加容易。这就是本书和配套讲解视频的目标。

入门阶段真的一定需要懂数学吗？

作为.NET 高端图书——《.NET 内存管理宝典》的译者，我是不会向.NET 初学者推荐这本书的，因为入门真的不需要接触这么高端的知识。我会推荐另一本书《C# 入门经典——更新至 C# 9 和.NET 5》。

同样，入门人工智能真的一定需要懂数学吗？

无数的人从拖控件、改配置开始进入编程这一行，慢慢地成为编程专家。这条路就不适用于入行人工智能吗？本书的配套讲解视频将从基于模板改配置开始，慢慢带你了解人工智能领域的编程。

简单点也许能够学得更好?

真的需要记住那么多概念和知识吗？

我刚从非金融行业转到金融行业的时候，曾努力恶补金融知识，看了十几本金融方面的书。很可惜，不但很累，而且还没有效果，所学到的知识很快就忘记了。

后来我遇到了这本书，这本书比我之前看过的很多金融书都薄。但是因为知识点少，并且通过动手编程让我把这些知识记得比之前更牢固。我发现，记住关键的知识脉络，然后在实践中遇到问题再根据这些关键词去搜索资料，是一个很不错的学习方法。

除了金融知识之外，这本书的人工智能知识也是这样组织的。也许看完这本书，你就能够同时了解金融和人工智能的知识脉络了。

本书的配套讲解视频

IT 知识和技术的更新远比金融知识快很多。另外，在理解和掌握方面，观看讲解视频的效果比阅读图书好很多。因此我录制了一系列配套讲解视频。

读者可以在异步社区或者在 B 站搜索 "Hands on AI for Banking 讲解视频" 或者关注 UP 主 "很水的火哥" 来找到和观看这一系列配套讲解视频。

致谢

十分感谢作者吴汉铭老师，在翻译本书之前，我已经翻译过好几本书了，那时候我的目标是把书翻译好。通过翻译本书，我的目标变成了让读者真真正正学到东西，并且运用到工作上，从而过上更有意义的生活。

然后十分感谢出版社的胡俊英老师，正是因为胡老师的支持，我才能够实现我上面提到的目标。

最后十分感谢过去和将来给我提建议和反馈的朋友们，正是有你们的建议和反馈，我才能持续不断地朝着我的目标前进。

风险提示和免责声明

科普性和准确性不可兼得，你不能期望一张地图能够给你带来十分精确的细节。本书的目标是带你进入人工智能的世界，实现从 0 到 1 的突破，给你提供搜索资料的关键词。为了实现这个目标，在某些特定情况，我们不得不牺牲专业性和精确性，所以请你注意这方面的风险并通过阅读其他资料来解决这个问题。

译者　叶伟民

2021 年 9 月

前言

　　本书旨在从新技术（如人工智能）的视角重塑你对金融业务的看法。本书是一本实践指南，它将帮助你在金融业的职业生涯中进步。本书将展示人工智能是如何让你的金融业务更加"顺畅"、成本效益比更高、更容易获得客户的，还将重点从金融服务提供方和客户方的角度来讲述人工智能的应用，而不是仅仅停留在概念层面。

　　你将从人工智能的重要性开始学习，同时也将深入了解最近在金融业发生的"人工智能革命"。接下来，你将探索如何使用时间序列分析和强化学习来实现自动化客户采购以及金融决策，从而获得机器学习的实践经验。在此之后，你将学习如何实现资本市场决策自动化，使用自动化投资组合管理系统以及预测投资银行业务的未来走势。除此之外，你还将探索诸如构建个人财富顾问机器人以及对客户终身财富进行大规模定制等概念。最后，你将了解在金融业的现实工作中应用人工智能的注意事项。

　　学完本书，你将掌握利用人工智能来"驾驭"金融业务所需的技能。

本书适合以下读者阅读

- **金融或 IT 专业的学生**是本书的目标读者。本书旨在提供一个相当有用的用例列表，该列表列出公共领域中常见的用例，并提供易于实现的真实用例代码。本书试图阐述重要的用例，而不只是给你提供第二天就能投入使用的机器学习模型。

- 对于**已经在这一领域工作的银行家**，相信本书将从长远角度帮助你构建自己的服务。如果你曾经创过业，本书将能够鼓励你去尝试一些与创业公司运作方式明显不同的东西。改变需要从内到外、从外到内全方位进行。对于银行内部的 IT 经理来说，本书将为你提供具体的代码基础，告诉你如何应用这些技术，以及可以使用哪些开源代码库。如果你还没有信心在内部开始一切以生产为目的的开发，本书可以作为你想要启动的任何实验的代码基础。

- 对于**投资者、有抱负的创业者或 MBA 学生**，本书与你分享了行业参与者们经历过的问题与正面临的挑战。请创造出更适合的产品来满足大家的需求，让金融业变得更好。希望你的投资之路一帆风顺。

- 对于**在这一领域开展业务的金融科技创业者**，本书为你提供了参考，鼓励你通过开源和合作来应对全行业范围内的挑战，而不是闭门造车。

- 对于**监管机构**，本书可以作为了解金融业发展的指南。你的工作对于金融业应用人工智能起着重要的作用。同时，欢迎你指出本书模型和决策的不足，以及开放更多数据让大家分析以鼓励大家研究。

- **CFA** 的职责之一是通过应用人工智能让投资更加有效和高效。要做到这一点，较好的方法就是对技术有亲身体验，掌握技术的具体实践知识。

- 对于**关注金融业的研究分析师和管理顾问**，本书可以引导你自下而上地了解人工智能是如何改变金融业的，从而能够更好地经营，以获得更高的股本回报率。

- 对于**人工智能硬件和软件开发人员以及研究人员**，本书或许可以帮助你发掘研究课题（如果你需要灵感的话，也许真的会有帮助）。

本书涵盖的内容

第 1 章　人工智能在金融业中的重要性，阐述什么是人工智能，并讨论人工智能在金融业的应用。本章还会详细介绍金融业务流程的复杂性以及职能的多样化。

第2章　时间序列分析，介绍时间序列分析。本章通过示例详细说明时间序列分析，并说明机器对机器（M2M）的概念如何有助于时间序列分析的实施。

第3章　使用强化学习自动化商业银行贷款融资，涵盖强化学习的内容。此外，本章还使用示例介绍一些人工智能建模技术，以及示例背景下的银行业务功能。

第4章　资本市场决策自动化，讨论基本的金融和资本市场概念。本章探讨如何通过人工智能运行风险模型和利用宏观经济数据生成销售预测来帮助优化最佳资本结构。本章还会介绍线性优化和线性回归模型等重要的人工智能建模技术。

第5章　预测投资银行（券商）业务，介绍如何用人工智能技术为新发行证券进行自动化承销辛迪加来完成融资。我们将学习如何从感兴趣的投资者那里获得资金。本章的后半部分将介绍识别收购者和目标公司的案例，这需要科学地挑选出那些需要投资银行服务的对象。

第6章　使用特雷诺·布莱克模型和 ResNet 自动化投资组合管理，重点研究投资者的动态变化。本章讨论投资组合管理技术，并说明如何将其与人工智能相结合，以实现购买资产时的决策自动化。

第7章　感知市场情绪，在卖方进行算法营销。本章主要介绍金融市场的卖方市场。本章详细介绍证券公司和投资银行，还会讨论情绪分析（sentiment analysis），并介绍一个使用 Neo4j 构建网络的示例。

第8章　使用 API 构建个人财富顾问机器人，主要介绍个人银行业务。本章解释管理客户数字数据的要求、如何访问 Open Bank API，以及文档布局分析。

第9章　客户终身财富的大规模定制，讲解如何结合调查数据进行个人数据分析。本章还会讨论 Neo4j，这是一个图数据库。在本章中，我们将介绍如何建立一个聊天机器人（chatbot），为客户提供"7×24 小时"全天候服务。我们还将看到一个使用自然语言处理、Neo4j 和 Cypher 语言来操作 Neo4j 中的数据从而预测客户反应的示例。

第 10 章　现实工作中的注意事项，是对前 9 章所涉及的人工智能建模技术的总结。本章还会说明在哪里可以找到该领域更深层的知识。

如何最大限度地读透本书

在开始阅读本书之前，假定你运行的是 Ubuntu 16.04 LTS 桌面版或更高版本，并且已经完成 Python 入门课程的学习。本书假定你已经掌握了安装相关软件包的知识，因此不会对这些知识进行介绍。

本书会介绍使用 3 种数据库引擎——SQLite、MongoDB 和 Neo4j，请确保你已经安装它们。

关于数据来源，第 3 ~ 5 章使用 data.world 和付费订阅的 Quandl 里的 Sharadar Core US Equities Bundle，第 6 章和第 7 章使用 Quandl 里的 Sharadar Fund Prices，第 7 章使用 Twitter 公司的 Premium Search，第 8 章使用 Open Bank Project。

考虑到本书是一本入门图书，读者未必能够轻松地读懂和跑通书中的代码，译者专门录制了系列讲解视频。读者可以在异步社区和 B 站上观看。

下载示例代码文件

你可以从异步社区下载本书的示例代码文件。文件下载完毕后，请使用以下软件的最新版本解压。

- 对于 Windows 操作系统，可以使用 WinRAR/7-Zip。

- 对于 macOS 操作系统，可以使用 Zipeg/iZip/UnRarX。

- 对于 Linux 操作系统，可以使用 7-Zip/PeaZip。

本书的代码也托管在 GitHub 上，可以在 PacktPublishing 主页下搜索 Hands-On-Artificial-Intelligence-for-Banking 找到代码资源。如果代码有更新，我们将会在这个 GitHub 代码库上进行更新。

下载彩图

我们还提供一个 PDF 文件，该文件包含本书使用的彩图，你可以在异步社区下载。

本书约定

本书中使用了许多文本约定。

代码体：指示文本中的数据库表名、文件夹名、文件名、文件扩展名、路径名、虚拟 URL、用户输入和 Twitter 句柄等代码。这里有一个例子：该函数将从 Quandl 下载 SHARADAR 数据库中任何给定股票代码的价格数据。

代码块将会是如下格式。

```
#list of key intent, product and attribute
product_list = ['deposit','loan']
attribute_list = ['pricing','balance']
intent_list = ['check']
print('loading nlp model')
nlp = spacy.load('en_core_web_md')
```

命令行的输入或输出代码都会写成如下格式。

```
sudo cp dataset.csv /var/lib/Neo4j/import/edge.csv
sudo cp product.csv /var/lib/Neo4j/import/product.csv
sudo cp customer.csv /var/lib/Neo4j/import/customer.csv
```

粗体：表示新术语、重要词语或你在屏幕上看到的词语。例如，菜单或对话框中的词语一般就会以这种格式显示。这里有一个例子：资产类别被定义为具有相似特征的一组资产。

资源与支持

本书由异步社区出品，社区（https://www.epubit.com/）为您提供相关资源和后续服务。

配套资源

本书提供配套资源，请在异步社区本书页面中单击"配套资源"，跳转到下载界面，按提示进行操作即可。注意：为保证购书读者的权益，该操作会给出相关提示，要求输入提取码进行验证。

提交勘误

作者和编辑尽最大努力来确保书中内容的准确性，但难免会存在疏漏。欢迎您将发现的问题反馈给我们，帮助我们提升图书的质量。

当您发现错误时，请登录异步社区，按书名搜索，进入本书页面，单击"提交勘误"，输入勘误信息，单击"提交"按钮即可，如下图所示。本书的作者和编辑会对您提交的勘误进行审核，确认并接受后，您将获赠异步社区的 100 积分。积分可用于在异步社区兑换优惠券、样书或奖品。

扫码关注本书

扫描下方二维码，您将会在异步社区微信服务号中看到本书信息及相关的服务提示。

与我们联系

我们的联系邮箱是 contact@epubit.com.cn。

如果您对本书有任何疑问或建议，请您发邮件给我们，并请在邮件标题中注明本书书名，以便我们更高效地做出反馈。

如果您有兴趣出版图书、录制教学视频，或者参与图书翻译、技术审校等工作，可以发邮件给我们；有意出版图书的作者也可以到异步社区投稿（直接访问 www.epubit.com/contribute 即可）。

如果您所在的学校、培训机构或企业想批量购买本书或异步社区出版的其他图书，也可以发邮件给我们。

如果您在网上发现有针对异步社区出品图书的各种形式的盗版行为，包括对图书全部或部分内容的非授权传播，请您将怀疑有侵权行为的链接发邮件给我们。您的这一举动是对作者权益的保护，也是我们持续为您提供有价值的内容的动力之源。

关于异步社区和异步图书

"异步社区"是人民邮电出版社旗下 IT 专业图书社区，致力于出版精品 IT 图书和相关学习产品，为作译者提供优质出版服务。异步社区创办于 2015 年 8 月，提供大量精品 IT 图书和电子书，以及高品质技术文章和视频课程。更多详情请访问异步社区官网 https://www.epubit.com。

"异步图书"是由异步社区编辑团队策划出版的精品 IT 专业图书的品牌，依托于人民邮电出版社几十年的计算机图书出版积累和专业编辑团队，相关图书在封面上印有异步图书的 LOGO。异步图书的出版领域包括软件开发、大数据、人工智能、测试、前端、网络技术等。

异步社区

微信服务号

目录

第1部分

金融业人工智能概述

本部分从经济和金融角度对金融业进行总体概述——这些内容一般很少出现在 IT 编程书中。本部分的存在是为了让技术专家和业务人员都能体会到对方工作的乐趣。

本部分包括以下章。

- 第1章　人工智能在金融业中的重要性

01

第 1 章
人工智能在
金融业中的重要性

人工智能（Artificial Intelligence，AI），是一种非常强大的技术。精心设计实现的人工智能应用可以在业务功能自动化方面创造奇迹。人工智能有能力通过其应用来改变众多行业。计算机系统随着时间推移而发展，已经变得非常强大。因此，机器也变得非常强大，可以轻松完成许多复杂的任务。例如，**光学字符识别（Optical Character Recognition，OCR）**就是一项即使使用个人计算机也可以借助软件轻松完成的任务。OCR 需要智能来将图像中的点转换为字符。因此，理想情况下，OCR 被视为 AI 的一个应用。但是，由于机器是如此强大，可以完成比 OCR 复杂很多的任务，所以在本书中我们倾向于不将 OCR 视为 AI 的一个应用。

在本章中，我们的重点是了解什么是人工智能及其在金融业的应用。金融领域是一个极其多样化和复杂的行业领域。为了简化复杂的金融业务，金融业需要不断提供先进的技术解决方案。正如福布斯进行的一项分析显示，到 2030 年，在各种金融业务流程中应用 AI 将能为金融业节省超过 1 万亿美元。因此，在不久的将来，金融业将从 AI 系统中获益很多。

首先我们将简要介绍人工智能和金融业。在本章中，我们将定义在软件系统中实现 AI 的方法，并介绍金融业是如何通过 AI 应用受益的。此外，本章还将涉及更多主题。所以，与其简单地讨论你可以从本章中学到什么，不如就让我们直接开始吧！

在本章中，我们将重点讨论以下几个主题。

- 什么是人工智能？

- 了解金融业。

- 金融业务可获得性的重要性。

- 人工智能在金融业的应用。

1.1 什么是人工智能

人工智能，又称**机器智能**，是机器创造出来的、能够表现出人类通常以自然智能形式所表现出来的智能的统称。约翰·麦卡锡（John McCarthy）在 1955 年提出了人工智能这个术语。

在某种程度上，人工智能能够基于预先定义的规则将决策过程从人类层面转移到机器层面从而辅助人类。在计算机科学领域，人工智能也被定义为对智能体的研究。智能体是指任何能从环境中学习，并能根据所学知识做出决策、以最大限度提高实现其预定目标的概率的设备。

人工智能能够解决极其广泛的问题。这些问题包括但不限于简单的数学难题、寻找从一个地点到另一个地点的最佳路线、理解人类语言以及处理大量研究数据以生成有意义的报告。以下是系统为解决这些问题而必须具备的能力，以及每种能力的简要说明。

- **推理**：解决难题和进行逻辑推理的能力。

- **知识表示**：对研究人员和专家收集的知识进行处理的能力。

- **计划**：确定目标和确定成功实现这些目标的方法的能力。

- **学习**：通过经验改进算法的能力。

- **自然语言处理**（Natural Language Processing，NLP）：理解人类语言的能力。

- **感知**：使用传感器和设备（如摄像头、麦克风等）以获得足够的输入来理解和解释环境的不同特征的能力。

- **运动**：四处移动的能力。

1.1.1　机器是如何学习的

让我们快速了解一下机器学习的基础知识。机器可以使用 3 种方法进行学习——有监督学习、无监督学习和强化学习，如下所述。

- **有监督学习**（supervised learning）是基于挖掘带标注的训练数据的概念。这些训练数据表示为由输入数据和预期的输出数据组成的数据对。其中，输入数据又称**特征向量**（feature vector）——这是一个数字向量，即可以用数字来表示输入数据的特征。输出数据又称标注、标签或标记，本书将输入数据和输出数据组成的一对，统称为**标注**（label），每对数据都有一个标注。图 1-1 所示为有监督学习方法。

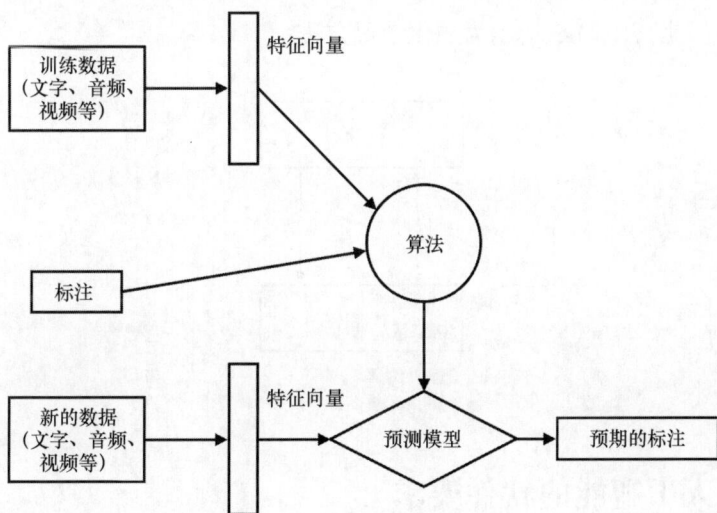

图 1-1

- **无监督学习**（unsupervised learning）基于这样一种情况：提供的训练数据没有任何与数据相关的基础信息，也就是说训练数据没有被标注。无监督学习将尝试找出这些训练数据的隐藏含义。图 1-2 所示为无监督学习方法。

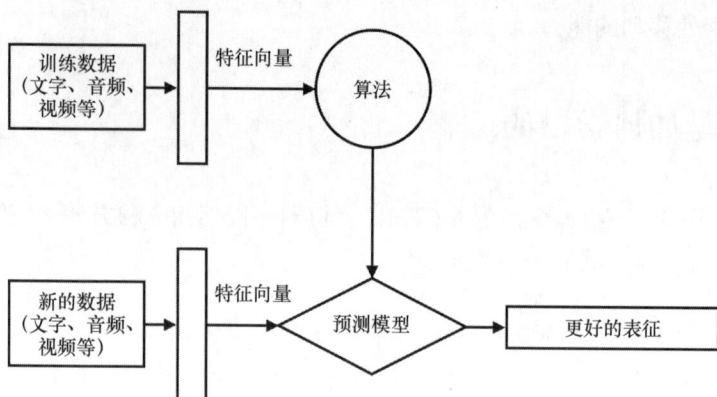

图 1-2

- **强化学习**（reinforcement learning）是一种没有训练数据的机器学习方法。这种方法基于两个概念——智能体（agent）和对该智能体的奖励（reward）。智能体要学习经验以获得奖励。图 1-3 所示为强化学习方法。

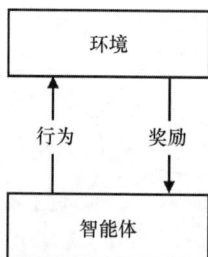

图 1-3

1.1.2　实施人工智能的软件要求

开源软件运动（将在 1.3 节进行讨论）推进了软件开发。该运动与硬件（例如 GPU、CPU、存储和网络硬件）的改进相结合。它还得到了无数致力于提高硬件性能和强化互联网连接性能的技术人员的支持。这些技术人员已经将人工智能算法发展到了接近人类智能。

图 1-4 所示为我们在实施机器学习项目时应考虑的典型技术栈。

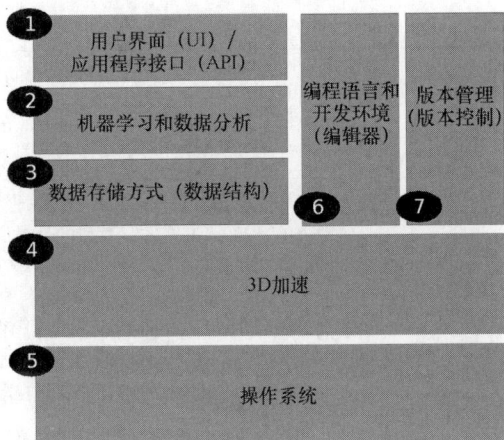

图 1-4

表 1-1 所示为图 1-4 提到的不同软件组成部分的几项关键技术。

表 1-1

序号	组成部分	相关名称	相关说明
1	用户界面（User Interface，UI）/应用程序接口（Application Programming Interface，API）	API/Python	API 是一种允许程序与另一个程序通过互联网协议进行交互的接口。与 UI 相比，API 是针对机器设计的。在后文中，我们会介绍一个个人银行服务的开放银行（open bank）项目创建消费银行服务，在这一部分中我们将使用 API 从数据源中提取数据
2	机器学习和分析	TensorFlow、scikit-learn、PyTorch、ImageNet	Google 公司的 TensorFlow 自 2017 年以来一直是最受欢迎的深度学习框架之一。scikit-learn 是一个很方便的机器学习包，它在机器学习方面提供了许多有用的功能。当我们研究深层神经网络时将使用 TensorFlow 和 Keras，当我们做不太复杂的网络和数据准备工作时将使用 scikit-learn。本书的第 2 章到第 9 章将介绍使用这些构建机器学习模型。 PyTorch 是一个很有名的机器学习框架，因篇幅所限，本书未能详述这一框架，感兴趣的读者可以自行了解。 ImageNet 是由美国普林斯顿大学在 2009 年创建的，目的是帮助研究人员测试和构建基于数据集的深度学习模型，这使得利用深度学习网络进行图像识别的研究蓬勃发展
3	数据存储方式（数据结构）	pandas 和 NumPy	pandas 和 NumPy 是令 Python 能够操作数据的数据结构。 本书的代码示例使用了它们。它们是使 Python 在数据科学家中流行的关键原因之一。第 2 章到第 9 章将会介绍如何使用这些库
4	3D 加速	NVIDIA	如果 TensorFlow 在后端（如 NVIDIA 提供的软件和硬件）使用 3D 加速，则 Keras 相关代码的计算性能将得到提高，例如第 3 章中的相关代码

续表

序号	组成部分	相关名称	相关说明
5	操作系统	Ubuntu	Ubuntu 是一个免费、开源的操作系统，它与我们在本书中介绍的大多数 Python 库兼容。它可以说是人工智能社区首选的操作系统
6	编程语言和开发环境（编辑器）	Python、IDLE、JypyterLab	Python 是人工智能领域常用的一种编程语言。Python 的存在要归功于 DARPA 在 1999 年的资助，其目的是提供一种通俗易懂的编程语言，它是开源的。IDLE 是一个与 Python 默认"捆绑"在一起的集成开发环境。IDLE 是 Python 自带的集成开发环境，初学者可以利用它方便地创建、测试、调试和运行 Python 程序。然而，还有更多的开发环境可供开发人员使用，如 Jupyter Notebook、JupyterLab Spyder 等。本书将介绍使用 Python 和 IDLE 来编写代码。译者将在配套讲解视频中使用 JupyterLab 来编写代码
7	版本管理（版本控制）	GitHub	GitHub 是最流行的基于云的协作网站之一。云技术的普及，令云协作成为可能，云技术实现了可扩展的计算和存储。我们的代码库将在 GitHub 上存放和交换

随着我们对本书会涉及的工具、技术和软件包的简单介绍完成，现在让我们继续探索人工智能的一个重要领域——深度学习。下面将详细讲解神经网络和深度学习。

神经网络和深度学习

除了开源软件运动，神经网络的研究突破在提高人工智能算法决策的准确率方面也发挥了重要作用。你可以参考伊恩·古德费洛（Ian Goodfellow）、约舒亚·本吉奥（Yoshua Benjio）和亚伦·库维尔（Aaron Courville）的《深度学习》一书来获得更数学化和正式的介绍。你也可以参考安东尼奥·古利（Antonio Gulli）和苏伊特·帕尔（Sujit Pal）的《Keras 深度学习实战》，该书为开发人员做了简明的分析。

深度学习是机器学习的一个特殊子领域或分支。深度学习方法的灵感来自一种以人脑为模型的计算机系统，即**神经网络**。

银行通过移动或 Web 应用程序聊天机器人（chatbot）提供的在线客户支持是深度学习在银行业务中应用的一个很好的例子。当涉及理解客户请求、偏好和兴趣的上下文时，此类应用程序（聊天机器人）是强大的。聊天机器人连接与数据存储交互的后端应用程序，根据客户的输入或对服务的选择，向客户呈现各种可供选择的子服务。

聊天机器人或深度学习应用程序是分层工作的，可以把这比作人类学习一门自然语言。

例如，一个人通过严格学习如何独特地识别每个字母来掌握字母表之后，他将有资格进入下一个复杂层次——单词。此人将会先学习短单词，然后学习长单词。掌握了单词之后，此人将进入下一个复杂层次——句子。他将开始造句，理解不同复杂程度的语法概念。一旦达到复杂层次的顶端，此人就能够掌握这门自然语言了。

你可能已经注意到了，每进入层次结构的下一个阶段或层时，学习将会变得更加复杂。每一层都是基于从上一层复杂度中学习的知识构建起来的，这就是深度学习的工作原理。程序不断地学习，在从上一层获得的知识的基础上，形成新一层复杂度的知识。分层复杂度就是"深度"这个词的来源。

深度学习的主要作用在于使模型的性能更好，因为它可以适应更复杂的推理。我们希望能够准确地做出财务决策，这意味着在平衡客户利益的同时，给股东合理回报的成本效益比将更高。

我们对智能机器的期望就是**输入**、**处理**和**输出**这么简单，如图 1-5 所示。

输入：特征 ⟶ 带参数的AI模型 ⟶ 输出：目标+概率
自变量　　　　　　　　　　　　　因变量

图 1-5

在大多数金融业案例中，我们实施了有监督学习，有监督学习类似于训练动物的过程——你对正确的结果给予奖励，并阻止不正确的结果（这个例子听起来像强化学习，但是也适用于有监督学习）。这就是我们需要用结果——目标变量（target variable）来进行训练的原因。

1.1.3　实施人工智能的硬件要求

在确定硬件预算时，你需要确保囊括了正确的硬件资源配置。这将使你能够在承诺的预算范围或上线时间内完成交付，特别是在你要从零开始建设一家银行的人工智能时！

鉴于银行面临的经济压力相当大，你最好确保所花的每一分钱都能发挥作用。为了做到这一点，我们需要了解硬件对人工智能的贡献，以确保我们拥有正确的硬件资源配置。

除了软件和算法之外，使用**图形处理单元**（Graphics Processing Unit，GPU）和**固态盘**（Solid State Disk，SSD）将有助于加快机器学习的速度。GPU 和 SSD 的使用令计算机进行智能化思考成为可能。

1. 图形处理单元

图形处理单元（GPU）是一种专门设计的电路，能够以并行方式来处理计算。并行方式处理计算适用于计算机图像处理，其中每个像素都需要同时处理，来最终生成完整的图像。为了直观地说明这一点，假设有 10 个像素需要处理。我们可以对这 10 个像素逐一进行处理，也可以将它们分成"10 个过程"来同时处理。

CPU 在每个像素的处理时间方面具有独特的优势，而 GPU 具有多线程的优势，可以同时处理数据。表 1-2 所示为串行数据处理和并行数据处理之间的区别。

表 1-2

串行数据处理	并行数据处理
数据是按顺序依次传入的，因此需要较长的时间来处理计算	数据是并行传入的，从而缩短了处理时间

对于运筹学专业的学生来说，通过上述比较，很容易就能看出应该要使用 GPU，这类似于我们设计工厂工作流程的方式——尽可能多地挖掘产能并减少瓶颈！

除了擅长处理图像外，GPU 还被用来进行深度学习，将 SSD 与 GPU 结合使用还能提高 CPU/GPU 的数据读写处理速度。

2. 固态盘

机器学习要求的另一个硬件是一种叫固态盘（SSD）的存储设备。传统的硬盘使用机械电动机将读写数据的磁头放到磁带或磁盘的指定位置。与此相反，SSD 是使用电路上的电流来读写数据的，因此没有电动机的机械运动。板载电流与电动机的机械运动相比，令 SSD 的数据检索速度快了约 20 倍。

1.1.4　建模方法论——CRISP-DM

数据挖掘跨行业标准流程（Cross-Industry Standard Process for Data Mining，CRISP-DM）是一种建模方法论。数据挖掘是探索大量数据以确定要应用于下一组数据以生成所需输出的任意模式的过程。本书在介绍建立模型时，将使用 CRISP-DM 建模方法论。这将有助于我们保持统一的方法来实施机器学习项目。图 1-6 所示为在机器学习项目中使用 CRISP-DM 建模方法论的项目执行流程。

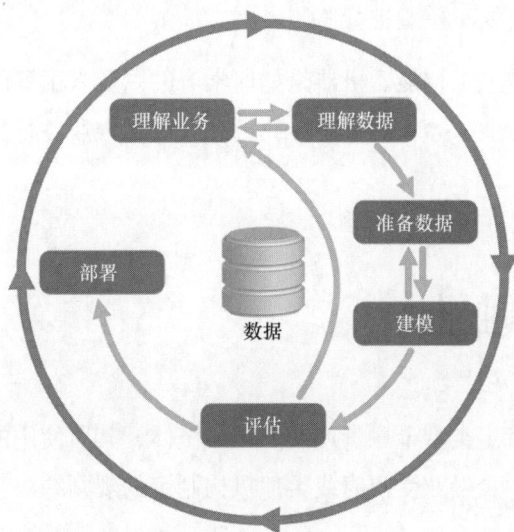

图 1-6

如图 1-6 所示，CRISP-DM 建模方法论涉及多个阶段。我们可以详细解释一下，具体如下。

（1）**理解业务**：这一阶段主要是确定项目的业务目标。在这一阶段，你要明确与核心业务目标相关的问题。例如，假设核心业务目标是利用客户与网站互动的历史数据来预测客户何时离开某个网站。那么要明确的相关业务问题可能就是目前的支付界面是否就是导致客户离开网站的原因。在这一阶段还要确定出业务成功的标准。

（2）**理解数据**：这一阶段主要是理解从数据库或数据存储里挖掘到的历史数据。对数据的大小、格式、数量、与业务的关系、字段、数据来源等方面进行分析。

（3）**准备数据**：这一阶段主要是提高数据的质量，使其达到机器学习算法处理所需的水平。例如按所需格式对数据进行格式化、将数据四舍五入到可接受的精度以及准备派生属性等。

（4）**建模**：这一阶段主要是选择要应用的建模技术或算法。选择算法就是寻找一个函数，当给定相应的输入时，该函数会产生所需的输出。

（5）**评估**：这一阶段主要是评估前一阶段所建立的模型的准确率。我们将对模型进行必要的修改，以提高效率和准确率。

（6）**部署**：这一阶段主要是确定模型在实际环境中的部署策略，以处理新数据。为了保证模型的准确率，我们还要对模型进行监测。

在大致介绍了什么是人工智能、机器是如何学习的以及人工智能的实施方法之后，现在是时候介绍金融业这一行业了。在后文中，我们将探讨金融业各种类型的金融业务和其所面临的挑战。

1.2　了解金融业

金融业是一种持有特定类型金融资产的专用经济体，其所使用的方法能使上述资产在一段时间内实现财务增长。金融业受政府或类似机构制定的规则约束。

著名作家和金融顾问斯蒂芬·瓦尔德斯（Stephen Valdez）在其著作《国际金融市场导论》中描述了国际金融市场中不同类型的金融业务。

它们分别是商业银行业务、投资银行业务、资产管理业务、保险业务、消费贷款业务和影子银行业务。

以上这些类型的金融业务基本满足了从大型组织到个人客户等各种客户的需求。后文将从客户需求的角度出发，对这些类型的金融业务进行说明。

- **商业银行业务**可以是零售业务（服务于个人），也可以是批发业务（服务于公司）。从本质上讲，商业银行业务的重点是从储户那里吸收存款，并将这些存款贷给借款人，从而收取利息来盈利。商业银行的发展依赖于其对借款人发放贷款的风险的评估能力。如果不能准确评估风险，就可能会无法向储户归还资金而导致破产。许多商业银行就因此在金融危机中倒闭，例如美国的华盛顿互惠银行。

- **投资银行/证券公司业务**包括咨询业务和证券交易业务。咨询业务主要是处理企业的买卖，也就是**并购**（Mergers and Acquisitions，M&A）、债权融资、股权融资（例如，企业在纽约证券交易所上市）。证券交易业务包括股票、固定收益、大宗商品和外汇的交易。证券交易业务涉及愿意购买证券的买方、愿意出售证券的卖方以及促成证券买卖的经纪人。

  咨询业务的核心是通过合并或分拆业务为企业创造价值。通过这一过程可以提高企业的绩效。它还通过变成标准化借贷结构（如债券）来优化企业的资金成本。企业可以通过向金融市场参与者发行新股或卖出现有企业股份（股权）来进行更多的投资。

  上述所有活动都是只有在金融市场参与者能对企业给予正确评估的前提下才能创造价值的，而这些评估是由市场情绪以及更多的是由理性的思考所驱动的。

- **资产管理业务**包括各种类型的基金——共同基金、交易所交易基金、对冲基金、私募基金等。资产管理公司采用不同的投资策略（买入和卖出决策的组合）来投资各种类型的金融资产和企业的各个生命阶段。对投资的未来价值给予正确估值是这个业务的关键决策之一。

  资产管理的参与者对创造收益有一种"饥渴感"，以达到从保护资产价值到增值等各种目的。他们通常被称为**买方**，代表资产所有者，相关的金融服务包括证券销售（面向客户、收集订单）、交易（执行订单）以及研究（评估证券）。

- **保险业务**包括普通保险和人寿保险。人寿保险可以保障购买者在一定程度上避免承担死亡后果的损失，人寿保险不能涵盖其他所有方面，如灾害造成的损失、行李丢失造成的损失、黑客或病毒利用系统漏洞造成的损失等。

  保险业务的核心是评估被保人或被保物的风险状况。同时，创造投资收益以弥补损失的能力也很重要。保险公司的投资业绩越高，通常它的竞争力就越强，它的保险定价就越激进。这也是伯克希尔-哈撒韦公司的保险定价①能够具有竞争力的原因之一——它的投资业绩优异。

- **消费贷款业务**以消费类债务为代表，主要是指我们在生活中不同阶段可能需要的房贷、车贷、个贷以及信用卡业务等。

- **影子银行业务**主要是指常规银行系统之外的金融活动。例如另类的投资基金、向消费者提供借贷的消费和抵押贷款金融公司。

1.2.1　金融业相对于全球经济的规模

通过将金融业的庞大规模与全球每年的生产收入相比较，我们就能大致了解全球是如何利用金融业务来维持发展的。

但是，仅展示统计数据，未免比较抽象。让我们假设全球是一个人。那么金融是如何融入这个人的生活的呢？下面就给大家列举说明。

（1）**年收入**：根据世界银行的统计，2018 年全球经济的生产力以及由此产生的年收入为 79.87 万亿美元。大约 1/5（19%）的年收入来自跨境贸易（14.64 万亿美元）。

（2）**财富**：全球人类每年的年收入大约相当于 4.38 年的年度 GDP。2018 年度 GDP 的细目见表 1-3。这里的年收入信息是综合了各种来源获得的信息，然后将经济活动与 GDP 的规模进行比较得出的。这 4.38 年可以分为以下几个部分。

- 0.91 年放在资产管理公司里。
- 0.78 年放在银行里。
- 1.04 年放在股市里。
- 剩下的 1.65 年则是信贷/借款（债券为 0.76，银行贷款为 0.39，影子银行业务为 0.45，消费贷款为 0.05）。

当然，这是对全球财富的简化描述。有些数字可能会被重复计算，例如股市的数字可

---

① 译者注：虽然沃伦·巴菲特（Warren Buffett）以"股神"著称，但是伯克希尔-哈撒韦公司的主营业务的确是保险业务。

能包括上市公司的存款，而这些存款又被计入了银行负债。这里我们只是通过一条捷径，按原样显示这些数字，以便我们了解各种金融活动的相对规模及其重要性。

（3）**保险**：为了抵消生产或投资活动中产生的任何不良风险带来的损失，全球人类年收入的 6%被用于购买保险，保险金额则为其对应收入的 1.45 倍。保费将用于购买相关金融资产，以产生收入来抵消任何不良风险带来的损失。

（4）**衍生品**：作为风险保护工具，除了保险之外，还有衍生品这种金融工具可以用于提供风险保障。术语"衍生品"是指双方之间围绕着标的资产，在某些特定条件下为支付或获得经济利益而达成的协议。标的资产从**固定收益**（fixed income）和**货币**（currency，即外汇）到**大宗商品**（commodities）不等，可简称 FICC。

固定收益包括利率和信用衍生品，货币指的是外汇的衍生品，大宗商品指的是大宗商品的衍生品。外汇（即表 1-3 中的"全球外汇场外交易+交易所交易衍生品"）以 87 万亿美元的未偿风险敞口位居表 1-3 的第二位，这大致相当于全球 GDP。大宗商品、信贷和股票衍生品所占比例较小，各占 GDP 的 2%至 9%左右。当把衍生品作为一种风险保护工具进行核算时，我们并没有包括一种叫作场外利率交易或者利率**场外交易**（Over-the-Counter，OTC）的衍生品，因为它相当于全球 GDP 的 6 倍——这远远超过了作为风险保护工具所需要保护的财富范围。但是事实上，有些投资者把利率场外交易也当作一种投资产品。这里我们把利率场外交易剔除，这是因为我们是从对保险的整体理解角度来分析的。场外交易指的是不通过交易所，由投资银行与客户直接进行的双边协议。

与场外交易相对应的是场内交易，又称交易所交易，是指供求双方通过一个集中的交易所买卖金融产品的交易方式。本书并没有列入太多交易所交易的数据，但这一点被包含在所提到的外汇、大宗商品、信贷和股票等数据里面，所以还是起到了展示金融业各个领域相对规模的作用。

表 1-3 所示为以上数据汇总。

表 1-3

	2018 年 GDP/万亿美元	占 GDP 的百分比/%
全球 GDP	75.87	100
全球跨境贸易额	14.64	19

	2018 年 GDP/万亿美元	占 GDP 的百分比/%
财富	332.46	438
全球资产管理	69.10	91
全球银行负债（包括存款）	58.93	78
全球股市	79.24	104
全球债券市场	57.49	76
银行贷款	29.70	39
影子银行业务	34.00	45
全球消费贷款	4.00	5
全球保险（新投保）	4.73	6
保险范围内的衍生品（不含利率场外交易）	110.15	145
全球外汇场外交易+交易所交易衍生品	87.41	115
大宗商品场外交易合约	1.86	2
场外信用衍生品	9.58	13
股票挂钩合约	6.57	9
利率场外交易合约	461.98	609

除了另有说明之外，所有数据均为前文提及的 2018 年全年数据。GDP 和股市规模数据来自世界银行；跨境贸易数据来自世界贸易组织；新增保险保费数据来自瑞士再保险公司；全球资产管理规模数据来自波士顿咨询公司 2018 年发布的全球资产管理报告；所有银行业务、债务和衍生品统计数据均来自国际清算银行。

1.2.2　金融业的客户

金融业的客户包括参与储蓄活动的储户和参与贷款活动的借款人。在从事商业银行活动（如跨境支付或外贸金融）时，他们又被称为**申请人（资金发送方）**和**受益人（资金接收方）**。

如果客户从事的是投资银行、证券、资产管理等活动，则被称为**投资者**，或者直接称为**客户**。在为了免受潜在风险影响的购买保险活动中，买方被称为**投保人**，而该保险活动则被称为**保险项目**。在风险发生的情况下，如果保险公司需要赔偿，则收受赔偿的人被称为**受益人**。

非金融公司是所有金融活动的真正企业客户，应被视为经济学意义上的真正参与者。它们最终吸纳储存了央行超发的货币，为消费者生产商品和提供服务。

在此本书想要明确和强调的一个信息是，金融是为实体经济服务的。那么，为什么金融机构的业务增长会超过实体经济的增长呢？好吧，按照切凯蒂（Cecchetti）和 Kharroubi 的观点，过多的金融业务增长会损害实体经济的增长。它会带走能够为实体经济做出贡献的高素质研发人才，这些高素质研发人才的流失会对生产要素产生负面的影响。你可以在 *Why does financial sector growth crowd out real economic growth* 一书中找到更多有关这方面的信息。

1.3 金融业务可获得性的重要性

金融业务应该像电和水等一样广泛和容易获得。我们只有提高金融机构的效率，才能使金融业务成为像电和水一样方便的业务，从而使尽可能多的人受益。金融业务是一种服务，提供这种服务的目的是充分地利用资本/资金，为储户或需要资金的人创造回报，使他们在约定的风险和回报下过上更有意义的生活。

我们要做的与罗伯特·J希勒（Robert J.Shiller）在其著作《金融与好的社会》中的观点一致，他在书中指出了信息技术在金融中的必要性，指出信息技术可以帮助我们实现目标。下一步就是利用开源软件解决方案和应用来解决金融业务的可获得性挑战。开源软件解决方案往往具有成本效益比高、健壮性强和安全性高等优点。

要想让金融业务变得更容易获得，最重要的事情之一就是要拥有大量的数据。这将使决策更加高效和透明，从而有助于降低金融决策的成本。我们将在本节讨论对开放数据的需求。由于金融市场竞争激烈，金融业务的价格将会逐步降低，因此效率更高的金融机构将会赢得更大的市场份额。

人工智能一旦在金融业实施，则会对该行业产生三方面的影响——重复性任务的工作岗位将减少，人工智能将会辅助人类提高效率，以及创造与人工智能相关的新任务（如建模）方面的就业机会。在这三者中，工作岗位的减少和效率的提高将会影响到现有的工作岗位，而就业机会的创造将会对未来的人才和就业市场产生影响。

随着自动化的发展和效率的提高，现有的工作将会受到影响和改变。机器可能会以比人类更高的效率来执行日常任务。然而，为了管理、监控机器或人工智能执行任务等，该行业将会对既懂金融业务又懂人工智能技术的专业技术人士提供工作机会。

1.3.1 开源软件和数据

由于开源软件运动，因此过去 20 多年来技术发展的速度相当快。开源软件运动始于 Linux，随后是 ImageNet。ImageNet 提供了大量的训练数据，这些训练数据促进了从事研究、开发人工智能算法的技术人员的活动。这些技术人员利用 Python、R、scikit-learn、TensorFlow 等编程语言和开源库，开发了深度学习和神经网络的算法。本着同样的精神，本书的代码也是开源的。

除了开源软件运动促进软件开发之外，还有另外一个关键要素就是数据。寻找实用的开放数据是一个挑战。同时，相对于其他行业，金融业还要面临一个额外的挑战：要谨慎、安全地将客户委托给金融机构的数据在不会违规的前提下转换为可以交给机器训练的数据集。

如今，在金融业和银行业，对客户数据的保密性要求仍然是向更广泛研究团体开放数据的主要障碍之一。现实工作中的问题可能比我们在开放数据领域看到的问题还要复杂。开放存储在数据库中的数据可能还是一个比较实际的步骤，而开放如图像、文档、音频文件或语音对话等数据，则是一个挑战。因为这些数据一旦被掩蔽或修改，可能就会系统性地丢失一些信息。

实际上，在金融业务中实现实际应用的主要成本也来自数据获取。你将会在本书中看到降低数据收集和汇总的成本是一个重大的挑战。至于我们的社会要如何处理这个问题，要如何激励商业界去解决这个问题，则需要进一步的讨论，这超出了本书的范围。

1.3.2　我们为什么需要人工智能

让我们讨论一项单一的金融业务，即在融资市场中匹配资金的需求。这是一项非常常规的数字匹配业务。在这里，显然计算机会更适合这项工作。

采用人工智能的目标是让机器做人类现在正在做的事情，但效率会比人类去做更高。很多人不禁要问，在金融业应用人工智能是否会影响到金融业从业人员的工作。

请记住，我们的目的并不是要取代人类，而是要提高人类现有的能力，提高生产力，这也一直是整个人类文明史上所有科技发展的目标。众所周知，人类在概率准确性方面是比较弱的，丹尼尔·卡尼曼（Daniel Kahneman）在 2013 年 4 月 2 日发表的心理学研究论文 "Thinking, Fast and Slow" [1] 中就指出了这一点。因此，人类在没有计算机的情况下进行概率决策其实是很有挑战性的。

1.4　人工智能在金融业的应用

麦肯锡全球研究院的《人工智能——下一个数字前沿》这份报告所列举的 13 个行业中，金融业排名第三，紧跟在"高科技和电信""汽车和装配业"之后。

虽然麦肯锡全球研究院的报告中并没有提到金融业的用例，但是或许我们可以通过如下所示的人工智能创造价值的 4 种方式来稍微研究一下。

- **预测**：预测需求，改善采购，减少库存（空闲资金）。

- **提高生产力**：以更低的成本或更高的质量提供服务。

- **促销**：在正确的时间为正确的客户提供正确的价格以及正确的信息。

---

① 译者注：丹尼尔·卡尼曼在发表了这篇论文之后，又出版了同名书籍。

- **提供服务**：提供丰富、个性化、便捷的用户体验。

现在就让我们根据上面 4 种方式来研究一下人工智能是如何应用到金融业的，研究结果如表 1-4 所示。

表 1-4

参与者	预测：更好地预测	提高生产力：更低的处理成本	促销：个性化报价	提供服务：便捷
商业银行	优化资金需求	利用人工智能，可以实现贸易融资处理的自动化，从而提高效率	当货物流向不同类型、不同风险程度的利益相关者时，人工智能可以提供进出口金融业务的实时报价	使用支持 NLP 的聊天机器人来改善客户服务
投资银行	对公司进行估值	有了人工智能，能够通过识别市场情绪来更快、更低成本地传达市场信号	人工智能可以自动匹配资产卖家和买家的需求	可以随时随地获取信息
资产管理	资产评估和优化	人工智能可以通过自动化交易和平衡投资组合来提供帮助	人工智能可以给客户推荐投资	更快速、便捷地更新投资组合
面向个人的银行业务	制订切实可行的储蓄计划	个性化的机器人顾问可以从收据中捕获数据，而无须人工帮助	人工智能可以理解到客户需要融资或投资产品的合适时机	使用智能机器人 7 × 24 小时全天候随时随地为客户提供服务

现在，我们可以全面地看到数据是如何被用于金融业的智能决策的：更多的数据点和更高的数据交换速度可以大大降低金融业务的成本。更详细的例子将会在后文中提供。

那么我们要怎样才能降低成本呢？从本质上来讲，我们可以通过减少花费在生产金融业务方面的时间来实现这一目标。

人工智能对金融机构盈利能力的影响

为了让你了解人工智能对金融机构盈利能力的影响，我们从两个角度来看一些简单的估算：模型预测准确率的提高以及运行/训练模型所花费的时间。

在过去的 10 年里，GPU 的时钟频率和内核数量约提高了 10 倍，从大约 300 个内核增加到大约 3000 个内核。

本书将我 10 年前经历的浅层机器学习或统计模型与我现在所看到的深层神经网络进行了比较。神经网络的模型预测准确率从80%左右提高到90%以上，提高率约为12.5%。表 1-5 所示为内存数据速率、内存总线带宽和内存大小方面的改进。

表 1-5

年份	GPU	GPU 内核时钟频率	内存数据速率	内存总线带宽	内存大小
2007	8800 Ultra	612 MHz	2.16 GHz	384 bit	768 MB
2018	TITAN X	1417 MHz	10 GHz	384 bit	12 GB
2018	GeForce RTX 2080 Ti	1545 MHz	14 GHz	352 bit	11 GB

表 1-6 所示为以上硬件的发展给金融业相关领域带来的改进情况。

表 1-6

需求	改进	金融业相关领域
预测：更好地预测	模型预测准确率提高了 15%	风险模型、定价
提高生产力：更低的处理成本	自动化率达到了 50%	运营
促销：个性化报价	模型预测准确率提高了 15%	风险模型、定价
提供服务：便捷	如果所有流程都是自动化的，则能够减少 50% 的延迟	运营

如果金融机构的成本收益比在70%左右，那么自动化可能会将这一比例降低一半到35%。但是，随着人工智能在金融业应用的激增，所多出的技术投入成本将会占5%～10%，从而会使目标成本收益比从35%上升到45%。这对发达国家的金融机构影响较大，因为与新兴市场相比，发达国家的劳动力成本要高很多。

提高预测的准确率将进一步降低金融机构在预测方面的成本，进而降低15%的风险成本。本书的看法是，对发达国家来说，风险成本占总资产的50个基点。因此将金融机构的风险成本降低15%对发达国家来说其实并不能为金融机构的盈利能力带来重大改进。

预测准确率和便利性的提高将提高金融业务的可获得性，这意味着该金融机构可以接触到那些过去认为不可行的更大的市场。虽然股本回报的获利能力比例并不能反映出这种影响，但是这种影响将表现在金融业的规模和金融机构的市值上。在扩大市场覆盖面之后，**股本回报率（Return on Equity，ROE）**应该会提高到14.5%。

股本回报率从7.9%提高到14.5%，提高了约80%。不过，对于系统重要性银行，将会有

11% ~ 12% 的资本充足率要求（具体比例数据每个国家和地区会不一样，可以参考"银监发〔2011〕44 号"文），这在过渡阶段将会使整体股本回报率下降到 13.3%，直到所有法规和监管都到位。

1.5　本章小结

本章开头，我们先解释了人工智能是怎么一回事。人工智能是让机器执行人类能做的任务的技术，例如天气预测、预算预测等。它使机器能够基于数据进行学习。我们介绍了人工智能的各种技术，例如机器学习和深度学习。然后，我们介绍了金融业的复杂流程。如果我们能够将它们自动化，我们将可以降低金融机构的成本。我们还了解了金融业务可获得性的重要性。最后，我们研究了人工智能在金融业的应用及其积极影响，并用一些数据来支持这些论点。

从第 2 章起，我们将继续金融业人工智能之旅。第 2 章将重点介绍时间序列分析和预测。我们将使用各种 Python 库，如 scikit-learn，来执行时间序列分析。还将解释如何测量基于机器学习的预测的准确率。第 2 章将会充满有趣的内容，并将教你如何将财务比例与机器学习模型相结合。这将会更深入地探讨如何应用机器学习模型来解决金融业的问题。

第2部分
机器学习算法和实例

在这一部分中，将介绍人工智能在金融业各种业务和职能中的实际应用。这一部分将同时充满实践性和理论性。作者将分享如何得出人工智能在金融业的应用特性和范围。对于一个人工智能工程师来说，开发一个具有正确特征的模型是很重要的，但是又不能在编程方面太过技术化，因为不管是什么技术，如何选择正确的特征都将起到永恒的指导作用。

本部分包括以下章。

- 第 2 章 时间序列分析
- 第 3 章 使用强化学习自动化商业银行贷款融资
- 第 4 章 资本市场决策自动化
- 第 5 章 预测投资银行（券商）业务
- 第 6 章 使用特雷诺·布莱克模型和 ResNet 自动化投资组合管理
- 第 7 章 感知市场情绪，在卖方进行算法营销
- 第 8 章 使用 API 构建个人财富顾问机器人
- 第 9 章 客户终身财富的大规模定制
- 第 10 章 现实工作中的注意事项

02

第 2 章

时间序列分析

在第 1 章中，我们介绍了人工智能、机器学习和深度学习。我们还探索了金融业是如何运作的，以及人工智能是如何改进金融业务流程的。我们认识到了提高金融业务可获得性的重要性。我们还了解了一种名为 CRISP-DM 的机器学习建模方法论。总的来说，第 1 章为在金融业应用人工智能以解决各种业务问题提供了必要的背景知识。

在本章中，我们将学习一种通过分析历史数据来预测未来行为的算法，该算法名为**时间序列分析**。时间序列分析是以一个变量——时间为基础的。它在特定的时间间隔内采集数据点，该过程又称为观测。

本章的目标是通过实例来帮助读者详细了解时间序列分析，并解释**机器对机器**（Machine-to-Machine，M2M）通信是如何有助于时间序列分析实现的。我们也将理解金融业涉及的相关概念。

在本章中，我们将介绍以下主题。

- 了解时间序列分析。

- M2M 通信。

- 金融市场的基本概念。

- 人工智能模型。

- 使用时间序列分析进行需求预测。

- 基于 Keras 的神经网络在大宗商品采购中的应用。

2.1 了解时间序列分析

从技术上讲，时间序列是指在均匀间隔时间内捕获的变量值的有序序列。简单地说，它指在特定的时间间隔内捕获变量值。这个特定的时间间隔可以是 1 小时、1 天，也可以是 20 分钟。这些捕获到的变量值也被称为**数据点**。时间序列分析还被用于预测、前馈控制、监测和反馈。以下是时间序列分析的一些已知应用。

- 效用研究。

- 股市分析。

- 天气预报。

- 销售预测。

- 工作量安排。

- 支出预测。

- 预算分析。

时间序列分析是通过应用各种分析方法，从各种数据源获取的原始数据中提取有意义的信息来实现的。时间序列分析还可用于生成统计数据和其他数据特征，例如数据的大小、数据的类型、数据的频率等。

让我们尝试通过一个例子来理解这一点。某分公司的经理使用时间序列分析模型预测来年的支出。分公司经理可以基于历史年度支出记录进行时间序列分析来做到这一点。将记录的观测值绘制在一张图上，x 轴上是特定的时间（在本例中是每天），y 轴上是支出的历史记录。可见时间序列分析是一种算法，它基于一个变量（本例中是时间）所捕获的值来预测另一个变量（本例中是年度支出）未来的值。

让我们通过另一个例子来更详细地理解这一点。在这个例子中，我们将假设有一家银行希望能够根据其拥有的历史数据来进行支出预测。银行经理想知道并预测他所管理的分行在2020年的支出。预测支出的过程将从收集上溯到2000年的历史支出数据开始。首先，银行经理会查看往年的历史支出数据。

正如前文所提到的，时间序列分析是通过捕获变量的值来实现的。那么你能够猜出这个例子中被观测的变量是什么吗？相信你现在一定猜到了。被观测的变量就是每年的总支出金额。让我们假设每年的支出数据如表 2-1 所示。

表 2-1

年度	支出总计/美元
2000	20 000
2001	22 500
2002	21 000
2003	18 000
2004	25 700
2005	22 100
2006	23 300
2007	17 600
2008	18 200
2009	20 400
2010	21 200
2011	20 900
2012	22 600
2013	17 500
2014	19 300
2015	20 100
2016	22 200
2017	22 500
2018	19 400
2019	23 800

可以用于分析这些数据和预测未来支出的方法有很多。这些分析方法的复杂程度各不相同。较简单的方法就是将支出进行平均，然后假设所得到的值为 2020 年的支出。采用这一方法得出 2020 年的支出将为 20915 美元。然而，这仅仅是为了方便演示我们介绍的例子。你也可以通过其他各种数学和分析方法来找出这个值。

复杂的方法可能包括分析详细的支出，预测每一种支出类型未来的值，然后在此基础上得出总的支出金额。这可能会提供比采用平均法更准确的预测。你可以根据自己的需要采用更复杂的分析方法。提供这个简单例子只是为了让你了解时间序列分析的工作原理而已。我们在这个例子中使用的历史数据量是非常有限的，现实工作中的人工智能算法是使用大量数据来生成预测结果的。图 2-1 所示为这个例子的可视化结果。

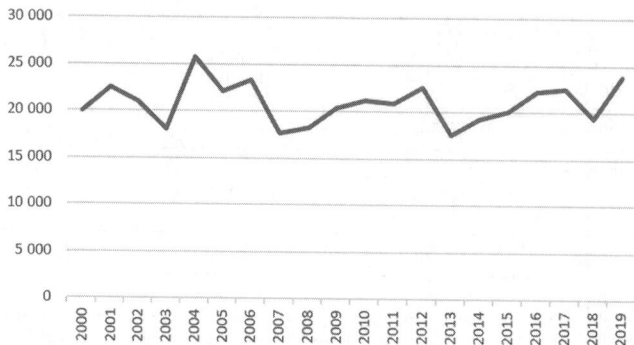

图 2-1

在 2.2 节中，我们将学习如何使用一个名为 M2M 通信的概念来实现机器之间的通信。

2.2 M2M 通信

M2M 通信非常强大，它可以极大地提高商业银行的业务能力。

M2M 通信是指两台机器或设备之间通过各种渠道（如物理网络、信息共享网络、软件通信和应用程序接口）进行通信。M2M 通信的唯一目的就是在两台或多台机器之间或在这些机器上运行的软件之间交换信息。M2M 中的 M 是 Machine 的首字母，2 来自于英文单词 to 的谐音 two。

M2M 通信假设在机器之间交换信息是不需要人为干预的。M2M 通信也可以通过无线网络进行，无线网络使 M2M 通信变得更加容易和方便。下面列出了 M2M 通信的几种常见应用领域。

- 制造业。

- 智能公共设施管理。

- 家用电器。

- 医疗保健设备管理。

然而，M2M 通信与物联网不同。物联网是使用传感器接收输入的，而 M2M 通信则专指两个系统之间的交互。

2.2.1　商业银行业务简介

商业银行业务是指为个人和企业提供的包括存款、支票账户服务、贷款服务、汇票、存款证明和储蓄账户在内的一系列金融业务。商业银行是满足大众对银行业务需求的通常去处。但是商业银行是如何运作和赚钱的呢？这是一个非常常见的问题，我们现在就来解答一下。商业银行主要是通过向客户提供各种类型的贷款赚取利息来赚钱的。贷款的种类可谓五花八门，例如房贷、车贷、商业贷款和个人贷款等。通常情况下，一家商业银行会在一种或多种贷款类型上有所专长。

商业银行从提供给客户的各种账户服务中获得资金。这些账户类型包括支票账户、储蓄账户、公司账户、外汇账户等。商业银行将这些资金投资于更高回报的投资选项，如共同基金、股票和债券等。商业银行需要向那些在银行开设账户并储蓄的客户支付利息。不过，与贷款相比，支付给这些客户的利息则要低得多。

2.2.2　M2M 通信在商业银行业务中的作用

举一个例子，将资金从一个客户的账户转到另一个客户的账户。在过去，这是一项手工工作，需要填写一份相应的表格，将表格提交给相应的部门，并在那里建立分类账条目，然后将资金从一个账户中转出，并存入收款人的账户。

如今，这个过程已经完全改变了。通过手机，客户可以很轻松地将资金从一个账户转到另一个账户。资金通常会在几分钟之内存入收款人的账户。令人难以置信，不是吗？那么，这是如何实现的呢？M2M 通信和流程自动化在实现这一目标方面发挥了重要作用。机器（计算机系统、基于云的虚拟机和移动设备等）通过无线或有线网络连接，将每一条信息传输到另一台机器或运行在该机器上的软件中，这已经成为可能。如今，客户可能出于一些特定的原因才需要去银行。客户现在甚至可以直接通过移动设备（如手机）开立银行储蓄账户或贷款账户。

2.3　金融市场的基本概念

在我们介绍下一个例子之前，先介绍一下数据、人工智能、业务等方面的技术和知识。如果你已经对这些技术和知识很熟悉了，那么可以随意跳过这一部分。

金融知识是一个可以了解我们预测商业活动的决策是如何影响到非金融公司财务决策的很好的起点。另外，在通过本书学习如何使用机器学习模型预测未来活动的过程中，我们还可以了解到金融业是如何对未来的业务量做准备的。

金融市场的功能之一——现货和期货定价

金融市场，如交易所，扮演着交易产品的市场的角色。例如，以天然气等大宗商品为例，我们既可以直接从卖家那里购买，也可以通过交易所购买。事实证明，如果产品是标准化的，那么在经济学理论的长期概念里会鼓励你尽可能多地从交易所购买该产品。美国芝加哥商品交易所（Chicago Mercantile Exchange，CME）是大宗商品交易的热门选择之一，纽约证券交易所（New York Stock Exchange，NYSE）则是公开上市股票的交易市场。

在本章中，我们会一直以天然气为例。当然，在某些情况下，从壳牌公司这样的大石油公司购买可能会更有效率——如果我们想要定期从生产商那里获得这些实物产品的话。

在交易所市场中，会有两种价格——现货价格和期货价格。现货价格是指只要你现在付钱，就能够马上得到产品（实物交割）的价格；期货价格是指你现在付钱，但要以后才能得到产品的价格。

1. 选择实物交割还是现金结算①

所有权发生变更可以通过两种形式实现，即实物交割或现金结算。具体最终是选择实物交割还是现金结算取决于我们是否立即需要产品。然而，在任何特定的交易日里，我们必须要权衡这两种选择的成本。与现金结算相比，实物交割需要付出"天然气成本+融资成本+储存成本"。

基本上，我们有 4 种选择，如表 2-2 所示。假设我们需要在 3 个月后获得天然气实物产品来发电。

表 2-2

	实物交割	现金结算
现货	现在就去融资购买，并马上获得产品；然后自己将产品储存 3 个月	现在就购买产品，但是只把它记在纸上，这样就无须自己储存
期货	现在就去融资购买，但是将来才会获得产品。在本例中是 3 个月后才会拿到产品	将来才去融资购买。3 个月后，购买了该产品，但只是把它记在纸上

为了权衡这些选择，我们需要以下数据。

* 储存成本——如果公司拥有天然气储存设施,那么这个储存成本数据就应该是由公司内部提供的。假定这个数据是相当静态的，这里假定是大约 0.12 美元/MMBtu。MMBtu 是用于测量燃料中能量含量的单位。

* 融资成本——应包括储存和购买成本的利息支出。这里假定是 0.1 美元/MMBtu。这个数据应该是由银行提供的。

* 天然气成本（现货价格）——这个数据应该是由市场数据提供商提供的。商品交易所交易天然气期货合约的定价点——亨利枢纽的实时现货价格数据是由汤森路透公司提供的，这里假定是大约 2.5 美元/MMBtu。

* 期货成本——这个数据应该是由芝加哥商品交易所提供的。这个数据也应该可以在 Quandl 上免费获得。这里假定 3 个月合约的价格是大约 3 美元/MMBtu。

以上给出的数据纯粹只是价值大小的一个指示（当然，它们可以通过比较和选择不同的

---

① 译者注：本节的"现金结算"一词来自截稿时的芝加哥商品交易所中文官网，另一个常用叫法是"现金交割"。

供应商来优化）。在这里，决策通过线性代数即可获得，并不需要很多机器学习技术。在现实工作中，我们不应该把机器学习解决方案强加于任何事情上（如果我们已经有一个很好的确定性公式的话）。

2. 通过期权来对冲价格风险

为了避免价格超出预定的天然气价格范围，我们将需要启发式规则，例如在给定一个固定目标购买量的情况下，决定在什么价格下采取什么行动。同时，我们也需要确定规则来决定是卖出手头上现有的产品还是买入更多的产品。

以下面的例子为例。如果价格超出了可以接受的范围，例如低于 2.84 美元或高于 3.95 美元，那么我们可以选择执行以下一项操作来赚取利润。

- 如果价格大幅下跌，则不行权，期权保证金就不要了，即赔掉保险费（期权这种衍生品是一种类似于保险的风险保护工具）。

- 如果价格飙升不利，则通过行权来减少损失，相当于出险索赔。

图 2-2 所示为通过在高采购价格时买入期权（保险）和在低采购价格时放弃行权（赔掉保险费）来对冲头寸获得的每单位收益。

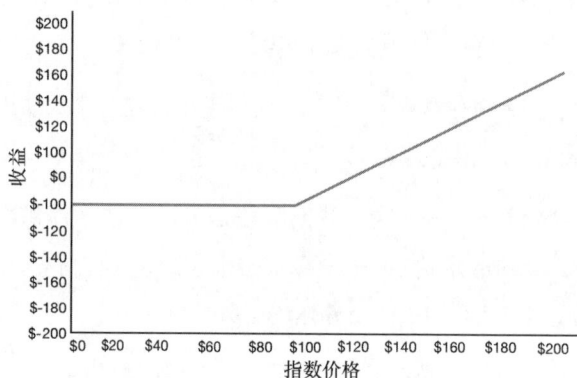

图 2-2

从图 2-2 可以看出，我们可能会在价格较低时赔掉保险费。也就是说，即使我们到了行权日能够享受到较低的采购成本，但是我们还是将保险费"送人"了。当价格太高的时候，则可以通过行权（相当于出险索赔）得到正向的回报，但还是会"蚕食"公司的利润——因为需要支付保险费（期权保证金）来购买保险。例如，假设我们在 3 月 1 日前花了 100 美元

（付了 100 美元保险费）购买期权合约，该期权合约给予我们在 6 月 1 日以 50 美元购买 N 单位天然气的权利。到了 6 月 1 日，N 单位天然气价格如果为 3000 美元（"事故"发生了），因为我们购买了期权合约，所以我们可以行权，依旧以 50 美元购买到现在要 3000 美元才能购买的 N 单位天然气，挽回了 3000-50（行权费用）-100（当初购买保险时的保险费，即期权保证金）=2850 美元的损失（相当于出险索赔）。如果到了 6 月 1 日，N 单位天然气价格为 25 美元（"事故"没有发生），我们则不行权，就只相当于保险费（当初交的 100 美元期权保证金）白给了。现实生活中的真实案例比这复杂得多，但是基本原理差不多。这类保险的具体价格叫作期权定价。在本章的例子中我们假设买入保险所支付的价格和我们出险索赔所赚取的价格是一样的。

2.4　人工智能模型

接下来，我们将介绍传统的预测模型——**差分整合移动平均自回归**[①]（Autoregressive Integrated Moving Average，ARIMA）**模型**。我们还将介绍神经网络模型。ARIMA 模型是一类统计模型，用于使用过去的数值来预测时间序列。ARIMA 是以下单词的缩写。

- AR：自回归（autoregression）是一个将历史数据值作为输入，并将其应用于回归方程式，以生成最终预测值的过程（用变量自身的历史数据值回过来对其自身进行预测）。

- I：整合（integrated），又称综合，ARIMA 模型在 ARMA 模型的基础上整合了差分方法。

- MA：移动平均（moving average），又称平稳、平滑、滑动，判断输入的时间序列是否平稳（移动平均）。如果是平稳的，则为 ARMA 模型。如果不是平稳的，则采用差分的方法将它们变换为平稳的，即我们现在所讲的 ARIMA 模型。

机器学习有三大方向：分类、回归、聚类。分类很好理解，聚类会在后面的章节中讲到，

---

① 译者注：该词有不同的中文翻译，例如"差分自回归移动平均""自回归综合移动平均线"，之所以采用"差分整合移动平均自回归"是取信于中国科学技术协会。建议读者搜索相关资料时使用"ARIMA"作为搜索关键词。

即按照聚在一起的数据点进行分类。反倒是"回归"这个词令初学者难以理解和记忆，在这里我们用一个例子来讲解并帮助大家记住"回归"这个词。回归（Regression）一词是由英国统计学家 Francis Galton 在研究父代和子代身高之间的关系时提出。他发现在同一族群中，子代的平均身高介于其父代身高和族群平均身高之间，即高个子的父亲，其儿子的身高有低于其父亲的趋势，而矮个子父亲，其儿子的身高有高于其父亲的趋势。也就是说，子代的身高有向族群平均身高回归的趋势，这就是"回归"最初的含义——即回归到均值，这也是回归模型的本质。

除了这个方法之外，对于有编程基础的读者，还有一个很好的助记法："分类"返回枚举值（布尔值其实就是一个特殊的只有 True 和 False 的枚举值），"回归"返回非枚举值。不过在人工智能领域，我们有另外一套叫法，我们会把枚举值称为"离散值"，把非枚举值称为"连续值"。"离散值"和"连续值"这两个术语在人工智能的世界是十分基础和普遍的，因此我们现在就要开始建立这种关联，便于记住它们。当慢慢熟悉了这两个术语之后，我们就要把"枚举值"和"非枚举值"这种说法忘掉，毕竟我们需要使用更加规范的术语。

此外，还有一个例外，逻辑回归模型虽然有"回归"二字，但却是一个"分类"算法。这部分会在下一章中介绍。

2.4.1 时间序列模型 ARIMA 模型简介

在下面的例子中，我们将数据放入一个叫作 ARIMA 的时间序列模型。ARIMA 模型是统计学时间序列模型中的一种类型，通常用于预测未来的数据点，其参数包括自回归项 p、差分阶数 d 和移动平均项数 q。

ARIMA 模型属于参数化建模——用已知参数拟合的模型。通常，我们将这类模型归类为统计模型，因为我们需要对数据的结构做出预设假设。这种类型的模型与不需要对数据外观做任何预设假设的、更宽泛的机器学习模型相比，是非常不同的。

但是，在真实的金融业务场景中，在计量经济学、量化金融和风险管理领域，统计学的方法还是很常见的。当我们拥有少量数据点的时候，例如 30 ~ 100 个数据点，这种方法是可行的。但是，当我们拥有大量数据点的时候，这种方法的效果可能就不如其他机器学习方法的效果。

ARIMA 模型假设存在一个我们可以描述的平稳趋势。其参数自回归项 p、差分阶数 d 和移动平均项数 q 都有各自的意义。

- 自回归项 p 代表预测模型中采用的时序数据本身的滞后数。例如，p=1：Y 当前周期= (Y 当前周期−1)×系数+常数。

- 差分阶数 d 代表时序数据需要进行几阶差分才是稳定的。例如，d=1：当前周期的 Y 与过去周期的 Y 之差。

- 移动平均项数 q 代表预测模型中采用的预测误差的滞后数。

看到这里，你是否已经觉得有点头晕，觉得以上描述很专业，难以理解。作为非数学专业出身的我们对此深有体会，因此作者并没有寄希望于通过以上短短的篇幅就能让读者理解以上概念。我们也不建议读者一上来就花大量的时间去搞清楚这些概念。我们建议读者先有一个感性的认识，然后再动手实践，当读者在实际项目中遇到问题时，回到这里，将这里提到的术语作为关键词去搜索相关资料，从而慢慢地掌握这些术语和概念。在学习后面的章节时，建议大家也参考这个思路。

简而言之，ARIMA 模型指定了前一个周期的系数、常量、误差甚至包括预测值等对当前预测值的影响。这听起来很吓人，但实际上是可以理解的。

通过拟合模型建立模型后，将使用模型进行预测，并将实际预测结果与实际测试数据进行比较。实际预测结果与测试数据的偏差将反映出模型的准确率。在本章中，我们将使用一个叫作均方误差（Mean Square Error，MSE）的指标来得出模型对数据的拟合程度。

2.4.2　神经网络简介——准确预测需求的秘诀

我们可能有一个很好的数据源，但我们不应该忘记，我们还需要一个智能的算法。你可能已经阅读过成千上万遍关于神经网络的内容了，但是在本书介绍广泛使用神经网络之前，还是先看一下关于它的简短的解释吧。神经网络是计算机模仿我们大脑工作方式的一种尝试，它通过连接不同的计算点（大脑里不同的神经元）来工作。

从架构上来看，它就像一层层公式。读本书的人可能会懂一些代数知识，可以看明白下列公式中结果 Y 与变量 X 之间的关系，其中 b 是系数，c 是常数。

$$Y=bX+c$$

左侧的 Y 是我们希望预测的东西，右侧的 $bX+c$ 是描述特征 X 与 Y 关系的形式。换句话说，Y 是输出，而 X 是输入。神经网络描述的正是输入和输出之间的关系。

又假设 Z 是我们想要预测的东西，将上一层的输出结果 Y 作为输入，其中 d 是系数，e 是常数。

$$Z=dY+e$$

这些公式如图 2-3 所示联系在一起。

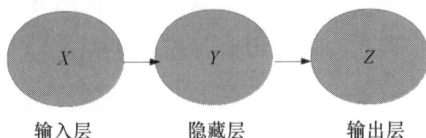

图 2-3

这就是简单的神经网络形式，有一个输入层、一个隐藏层和一个输出层。每一层都有一个神经元（计算点）。

> 这里鼓励你阅读关于机器学习的研究论文和入门文章，甚至报名参加在线课程。这里推荐塞巴斯蒂安·拉施卡（Sebastian Raschka）和瓦希德·米尔贾利利（Vahid Mirjalili）的《Python 机器学习（原书第 2 版）》，以及罗韦尔·阿蒂恩扎（Rowel Atienza）的《Keras 高级深度学习》。

1. 反向传播

神经网络中还有一些其他概念，例如反向传播。反向传播是指对神经网络的参数进行微调的反馈机制，该参数主要是神经网络中连接的神经元数量（除非它在层中是一个常数参数）。反向传播的工作方式是比较输出层 Z 的预测值和实际值。实际值与预测值之间的差距越大，需要对 b、c、d、e 进行的调整就越多。

了解如何测量差距也是重要的知识，这就是所谓的测量指标，将在第 3 章中讨论。

2. 神经网络架构

神经网络架构涉及神经网络的层数和每层神经元的数量，以及神经元在神经网络中是如何相互连接的。输入层表示为特征。输出层可以是一个数字或一系列数字（称为向量），输出层会生成一个 $0 \sim 1$ 的数字或者连续值——具体取决于问题业务领域。

为了理解神经网络架构，我们举一个例子，神经网络架构看起来类似于图 2-4 所示的来自 TensorFlow Playground 的截图，这是一个具有 3 层隐藏层，每一层隐藏层具有 6 个神经元的神经网络。

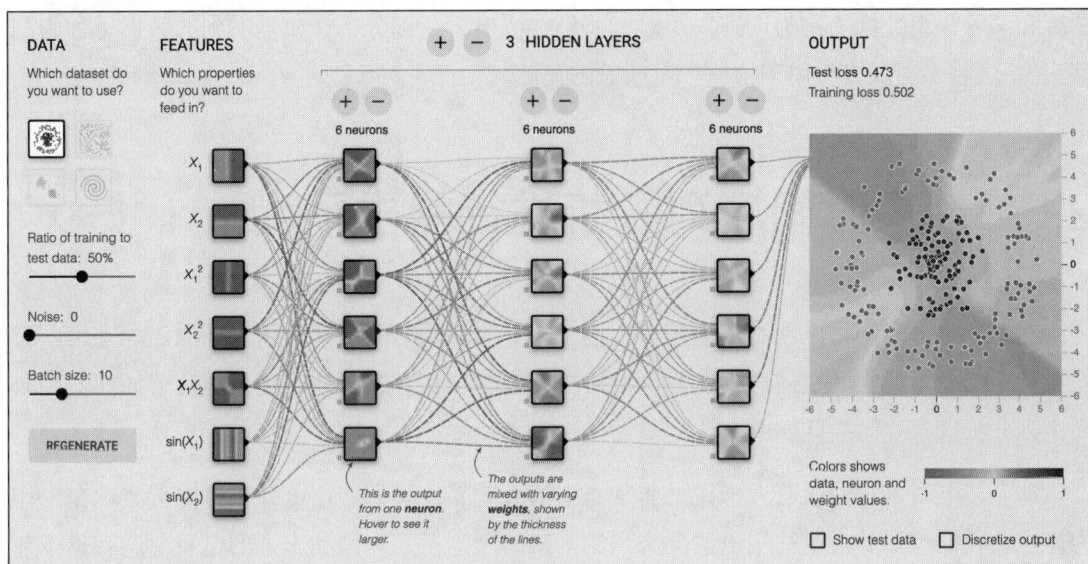

图 2-4

3. 神经网络训练中的迭代次数——epoch 参数

除了上面的神经网络设计之外，我们还会使用 epoch 参数，该参数表示同一组数据被送入神经网络的次数。

如果我们没有足够的数据来满足神经网络的参数数量需求，那么我们需要增加 epoch 参数数量。假设神经网络有 X 个参数，那么我们至少需要输入 X 个数据点到神经网络中。遗憾的是，如果我们的数据点只有 $X/2$ 个，那么我们需要将 epoch 参数设置为 2，以确保我们可以将 X 个数据点输入神经网络（所有数据点都将被输入两次）。

4. 缩放

在将特征提供给机器学习模型之前，我们需要将不同量级的输入特征归一化为相同量级的。例如，商品的价格和数量就是两种不同类型的数字数据。缩放过程将确保将商品的价格和数量都缩放到 0～1 的相同范围。在经典的统计建模过程中，这一步骤非常重要，可以避免某一个较大尺度的特征对预测的影响占主导。

5. 采样

除了注意数据在列级别的缩放之外，我们还需要注意模型的采样偏差。通常，当机器在训练和学习一组数据（称为训练集）时，我们会留出另一部分不让机器看到的数据（称为测试集）。之后，测试集将用于检查模型所做的预测。

2.5　使用时间序列分析进行需求预测

在本节中，我们将以预测用电需求为例子，介绍利用时间序列分析来预测能源支出。我们将从一个简短的问题描述开始，并确定解决问题的步骤。这将使你更好地理解如何使用时间序列分析来寻找解决问题的方法。

如今，电对于我们所有人来说是非常基本的必需品。我们使用电并支付电费。现在，作为客户，我们想要分析过往用电情况来预测未来的用电量，以预测未来的电费。这就是本节要解决的问题。

时间序列分析是解决以上类似问题的极佳方法。机器学习模型在推导出实际解决方法之前，需要输入大型数据集。这些大型数据集将被机器学习模型用来推导出一种模式，或者识别出一种现有的模式，而这种模式在数据分散的情况下可能是无法发现的。同样，我们第一步将是获得大量的数据，并对其进行处理以提取有意义的信息。这将是一个"三步走"的过程。以下是我们将要遵循的步骤。

（1）下载数据。

（2）对数据进行预处理。

（3）通过拟合数据来建立模型。

2.5.1　下载数据

首先要下载有关用电量和电费的数据。尽管我们现在可以从公共网站上下载数据，但在真正的生产环境中，从内部数据库中下载数据并以平面文件（没有数据库结构的文本文件）的形式将其传递给用户的情况并不少见。

你可以从本书配套源代码的 Chapter02\2A_Seasonality 目录中下载如下文件（因为文件名很长，所以请尽量将其放在本地的根目录，以避免文件名太长超出了操作系统的限制而导致出错）。

- 用电量：Average_cost_of_fossil_fuels_for_electricity_generation_natural_gas_California_electric_power_(total)_monthly.csv。

- 支出：Total_consumption_natural_gas_California_electric_power_(total)_monthly.csv。

- 收入：Revenue_from_retail_sales_of_electricity_California_residential_monthly.csv。

获取数据的方式有很多种，例如，使用 API 或机器人（通常称为爬虫）。随着我们进一步深入学习本书，我们将讨论这些其他获取数据的方式。在第 4 章中，我们将通过 API 调用来获取数据。如果要使用机器人，我们可以使用 Beautiful Soup 来解析网站或 API。然而，在这个例子中，我们只需要使用浏览器访问网站，并单击"下载"按钮来下载数据（下载的数据可能会与图 2-5 不一样，但是不影响读者对本书内容的理解）。

2.5.2　对数据进行预处理

在获得数据后，需要将数据排列在同一个时间序列里，因为我们下载的数据可能涵盖了不同的时间段。我们希望将数据整合到一张数据表中，并将所有必需的数据都在一张表里逐列列出（支出、用电量、收入等，具体数据不一定和图 2-5 所示相同）。

图 2-5

从图 2-5 可知，一行代表一个月份。在输入数据让机器学习模式之前，我们需要分出一些数据用于测试，另一些数据用于学习（即训练）。我们不会将测试集用于机器学习训练。读取数据的相关代码如下。

```
file_path_out
if select_fld:
    list_flds = ['consumption_ng','avg_cost_ng']
    tuple_shape_list = [(8,0,3),(12,1,3)]
else:
    list_flds = preprocess_data(f_name,list_flds)
```

在上述程序中，我们预留了最前面的 70%的数据点作为机器学习的训练集，保留了后面 30%的数据点作为测试集。测试集将会用于与模型所预测的结果进行比较，而不是用来拟合模型。

2.5.3 通过拟合数据来建立模型

当清理干净数据之后，我们将开始训练机器去学习模型。机器将建立拟合这些训练数据的模型。模型就像一件衬衫，我们试图让这件衬衫适应我们的身体（训练数据）。

以下是建立拟合数据的 ARIMA 模型的步骤。

（1）对合并文件中的每个数据文件/字段运行后面步骤（3）"读取数据"和步骤（4）"数据预处理"的代码（下面代码的第 2～3 行）。

（2）如果布尔变量 parameter_op 在前面被设置为 True，那么我们将运行步骤（5）"训练和验证模型"的代码（下面代码片段的第 4 行）。这将探索 ARIMA 模型中关于 p、d 和 q 这几个参数所有可能的组合，这些参数设置范围如下。

- p：0～12。
- d：0～2。
- q：0～3。

（3）通过上述数值的组合来计算模型对数据的拟合程度，以及测量误差值。最后将误差最小的组合作为 ARIMA 模型的选定参数。

相应的代码片段如下（完整源代码请查看本书配套源代码的 Chapter02\2A_Seasonality 目

录下的 2A_trade seasonality.py 文件)。

```
#looping through list of fields
for fld in list_flds:
    dta_df=load_data (file_path_out, fld,'2001-01-01', '2018-01-01')

    if parameter_op: #if needed parameters optimization, step 5 is required
        '''*****************
        步骤 3：读取数据
        步骤 4：数据预处理
        步骤 5：训练和验证模型
        *****************
        '''
        start = time.time()
        lowest_MSE=99999999999
        lowest_order = (0,0,0)
        for p_para in range(13):
            for d_para in range(3):
                for q_para in range(4):
                    order = (p_para,d_para,q_para)
                    print (order)
                    error,temp_data,temp_model = forecasting(dta_df, fld, False, \
                                                             order, 0.7, fld)
                    ##Step 5: Further improvement of model-Fine tuning the parameters
                    if error<lowest_MSE:
                        lowest_MSE=error
                        lowest_order = order
                        lowest_data = temp_data
                        lowest_model = temp_model
        end = time.time()
```

恭喜你！现在我们已经交付了一个可以用来预测未来用电量的模型啦！

2.6　基于 Keras 的神经网络在大宗商品采购中的应用

在本节中，我们将介绍另一个更复杂的例子。和前文一样，我们将先定义问题描述，然后确定解决问题的步骤。

在这个例子中，我们想根据历史数据来预测大宗商品的采购情况。我们将要介绍的大宗商品是天然气。就天然气而言，我们无法控制其价格，因为它是一种全球化程度很高的商品。但是，当天然气的价格达到一定范围的时候，我们还是可以针对天然气价格区间范围制定内部采购策略的。利润率目标将制约我们为原材料支付的最高价格，以使公司所有者能够获得盈利，因此我们将"跟踪"利润率。

让我们通过一个例子来理解这个价格约束吧。在这个例子中，我们假设天然气单位成本每增加 1 美元，能源公司的销售材料成本将会增加 9.18%（这是基于 2015～2017 年这 3 年的数据）。表 2-3 所示为关于综合业务的一些数据。

表 2-3

项目		收入/百万美元		
		2017 年	2016 年	2015 年
运营收入	电力销售额	21 177	21 221	21 379
	天然气销售额	1734	863	536
	其他	654	659	456
	总计运营收入	23 565	22 743	22 371
运营支出	发电燃料费用和外购电力费用	6 350	6 625	7 355
	天然气成本	632	265	141
	运营费用、维护费用和其他	5 788	6 085	5 539
	折旧费用和摊销费用	3 527	3 294	3 053
	物业费用和其他税	1 233	1 142	1 129
	环保治污费用	282	18	106
	总计运营支出	17 812	17 429	17 323

表 2-4 所示为年度销售额的加权平均值。

从表 2-4 中你可以看到 2015～2017 年的天然气成本。你还可以看到 2015～2017 年的天然气成本与销售额的比例。在 2017 年，按平均单位重量成本 3.91 美元计算，天然气成本与销售额的比例是 36.45%。我们假设平均单位重量成本和销售成本是一个恒定的关系——取各年材料成本率的平均值（2015～2017 年，即 7.65%、9.66%、9.32%）。我们将这 3 个数字取平均值，得出加权平均值为 9.18%。

表 2-4

项目/百万美元	2017 年	2016 年	2015 年	数据源
天然气销售额	1 734	863	536	杜克能源
天然气成本	632	265	141	杜克能源
天然气成本与销售额的比例（第 2 行除以第 1 行）	36.45%	30.71%	26.31%	计算得出
平均单位重量成本（百万美元/mcf）	3.91	3.18	3.44	美国能源信息署（加利福尼亚州）
材料成本率（第 3 行除以第 4 行）	9.32%	9.66%	7.65%	计算得出
加权平均值	9.18%	9.18%	9.18%	计算得出

请记住，实际的数据应该来自企业内部核算系统，而不是来自外部的美国能源信息署（Energy Information Administration，EIA），这些数据只用于我们这个例子而已。

制订了采购计划之后，我们需要了解从哪里采购天然气。在现实工作中，我们还需要观察模型的洞察力和执行情况。建模过程是持续不断的，我们在后续决策中要根据模型的洞察力和执行情况不断调整模型。后续决策正是我们在理解业务阶段提到的如何在交易所市场执行订单的问题。

为了完成这个例子，我们假设每当价格达到预测值目标范围时，就使用实物交割方式从交易所购买天然气。

数据流

下面的数据流概述了我们需要采取的步骤，以便生成用于构建大宗商品采购模型的代码。图 2-6 所示的第一个方框表示在 SQLite 数据库上运行的步骤，其他方框表示在 Python 上运行的步骤。

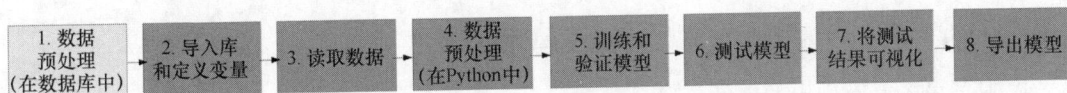

图 2-6

这些步骤总体上符合 CRISP-DM，不过在本书的不同地方会有不同的侧重点——有些地方可能会侧重于对业务的理解，而有些地方可能会侧重于评估。下面将详细介绍图 2-6 中的步骤。

1．数据预处理（在数据库中）

数据预处理是指将数据按照所需特征进行转换。我们在编写 Python 代码之前就进行这一步，以减少所需要的代码层次（也就是说，我们先直接与 SQLite 数据库交互，而不是到了 Python 那一步再与 SQLite 数据库交互）。以下是执行数据库操作所涉及的步骤。

（1）创建 SQLite 数据库。

（2）将数据导入成临时表。

（3）创建所需的表——这是一个一次性的操作。

（4）将临时表的数据经过数据类型和格式转换之后插入实际表。

（5）创建进行特征工程所需的视图。

（6）将预处理后的视图输出为 CSV 数据。

2．导入库和定义变量

为了确保可以使用相关函数，我们需要导入库并定义变量。现在让我们导入所有相关库。

- pandas：它用于将数据输入机器学习模块之前的数据存储。

- keras：这是一个简单、易用的机器学习库。

- tensorflow：被用作后端。

- sklearn：这是一个非常流行的机器学习模块，它提供了许多数据预处理工具包以及一些易于使用的机器学习模型。虽然在本例中并未使用这些模型，但是因为我们希望为以后更广泛地使用机器学习模型奠定基础，所以还是提及它们。此外，sklearn 还带有评估模型性能的指标。

- matplotlib：这是默认的数据可视化工具。

以下是导入上面列出的库的代码片段。

```
'''****************************************
2. import all the libraries required
'''
import pandas as pd

from keras.models import Model
from keras.layers import Dense, Input
from sklearn.preprocessing import StandardScaler
from sklearn.model_selection import train_test_split
from sklearn.metrics import mean_squared_error

import matplotlib.pyplot as plt

import pickle

demand_model_path = 'demand_model.h5'
f_in_name = 'consumption_ng_exp.csv'
```

3. 读取数据

以下是读取数据的代码片段，它读取通过步骤一产生的数据。

```
'''****************************************
#Read in data
'''
pd_trade_history = pd.read_csv(f_in_name,header=0)
pd_trade_history = pd_trade_history.drop('date_d',1)
```

4. 数据预处理（在 Python 中）

现在我们来看一下在 Python 中的数据预处理。有研究称，数据科学家有 80%的时间都花在这一步上！这一步包括选择特征和因变量，检查、验证数据类型和处理缺失值（本例将不包含这部分内容，以降低复杂度），以及将数据分成训练集和测试集。在某些情况下，当不同类别的目标比例在数量上不相似时，我们可能需要进行分层抽样，以确保为机器学习提供均衡的训练样本。在本例中，我们留出 20%的样本用于测试，80%的样本用于训练。

```
'''****************************************
4. Pre-processing data
'''
#4.A: select features and target
df_X = pd_trade_history.iloc[:,:-5]
df_Y = pd_trade_history.iloc[:,-4:]
```

```
np_X = df_X.values
np_Y = df_Y.values

#4.B: Prepare training and testing set
X_train, X_test, Y_train, Y_test = train_test_split(np_X, np_Y, \
                                                    test_size = 0.2)
#4.C: scaling the inputted features
sc_X = StandardScaler()
X_train_t = sc_X.fit_transform(X_train)
X_test_t = sc_X.fit_transform(X_test)
```

5. 训练和验证模型

我们通过输入训练集来训练神经网络以生成模型。下面的代码片段在 Keras 中定义了机器学习模型并对其进行训练，它使用了 329 个参数来构建深度神经网络模型。

```
'''**************************************
#5. Build the model
'''
inputs = Input(shape=(14,))
x = Dense(7, activation='relu')(inputs)
x = Dense(7, activation='relu')(x)
x = Dense(7, activation='relu')(x)
x = Dense(4, activation='relu')(x)
x = Dense(4, activation='relu')(x)
x = Dense(4, activation='relu')(x)
x = Dense(4, activation='relu')(x)
predictions = Dense(units=4, activation='linear')(x)
demand_model= Model(inputs=inputs,outputs=predictions)
demand_model.compile(loss='mse', optimizer='adam', metrics=['mae'])

demand_model.fit(X_train_t,Y_train, epochs=7000, validation_split=0.2)

Y_pred = demand_model.predict(X_test_t)

#conver numpy as dataframe for visualization
pd_Y_test = pd.DataFrame(Y_test)
pd_Y_pred = pd.DataFrame(Y_pred)
```

6. 测试模型

我们将使用在步骤 4 中留出的 20% 的样本与基于训练模型和特征数据的预测结果进行比较。

```
'''*********************************
##6. Test model: Measure the model accuracy
combine both actual and prediction of test data into data
'''
data = pd.concat([pd_Y_test,pd_Y_pred], axis=1)
data_name = list(data)[0]
data.columns=['actual1','actual2','actual3','actual4','predicted1', \
              'predicted2','predicted3','predicted4']

error1 = mean_squared_error(data['actual1'],data['predicted1'])
print('Test MSE 1: %.3f' % error1)
error2 = mean_squared_error(data['actual2'],data['predicted2'])
print('Test MSE 1: %.3f' % error2)
error3 = mean_squared_error(data['actual3'],data['predicted3'])
print('Test MSE 1: %.3f' % error3)
error4 = mean_squared_error(data['actual4'],data['predicted4'])
```

7. 将测试结果可视化

在这一步中我们将使用表示模型性能的指标 MSE 来交叉检查。

```
error1 = mean_squared_error(data['actual1'],data['predicted1'])
print('Test MSE 1: %.3f' % error1)
error2 = mean_squared_error(data['actual2'],data['predicted2'])
print('Test MSE 1: %.3f' % error2)
error3 = mean_squared_error(data['actual3'],data['predicted3'])
print('Test MSE 1: %.3f' % error3)
error4 = mean_squared_error(data['actual4'],data['predicted4'])
print('Test MSE 1: %.3f' % error4)
'''
Test MSE 1: 190908799.722
Test MSE 1: 142014832.708
Test MSE 1: 225732981.502
Test MSE 1: 276189198.309
'''
'''*********************************
#7. Visualize the prediction accuracy
'''

data.actual1.plot(color='blue',grid=True,label='actual1',title=data_name)
data.predicted1.plot(color='red',grid=True,label='predicted1')
plt.legend()
plt.show()
plt.close()

...
```

这将会生成可视化结果, 如图 2-7 所示。

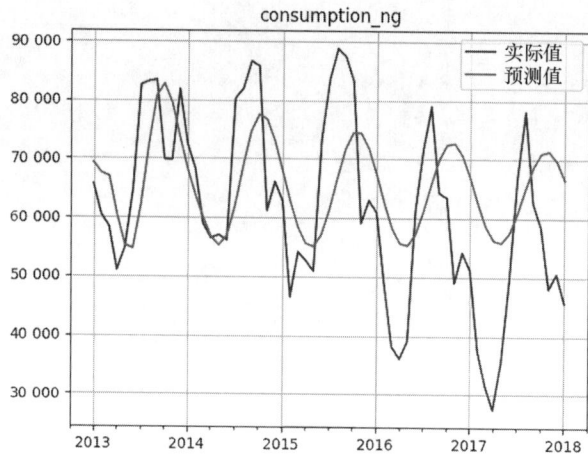

图 2-7

8. 导出模型

将在步骤 5 和 6 中训练和测试的模型导出成文件，然后将其部署到生产系统中并在我们尚未看见的生产数据上运行。我们将导出两个文件，一个文件用于缩放输入特征（x_scaler.pkl），另一个文件用于神经网络（demand_model_path）。

```
'''***********************************
#8. Output the models
'''
demand_model.summary()
demand_model.save(demand_model_path)
f_scaler=open('x_scaler.pkl',"wb+")
pickle.dump(sc_X, f_scaler)
```

恭喜你！我们现在已经交付了一个模型，该模型实用性很强，可以识别本月、下个月和下下个月所需采购的数量。图 2-8 总结了训练与部署机器学习模型的步骤。

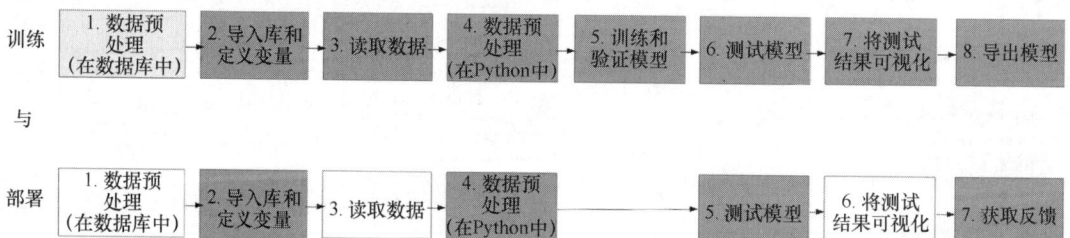

图 2-8

然而，我们并不打算在这里讨论部署问题。不过我们将会牢记这一问题，并将随着本书内容的展开来逐步介绍这个问题。我们将在第 8 章中探讨如何部署人工智能生产解决方案并将其包装为 API。

2.7 本章小结

在本章中，我们学习了时间序列分析、M2M 通信以及使用时间序列分析对商业银行业务进行分析的好处。我们还通过从定义问题描述开始到逐步得出解决方案这种方式来研究示例。我们还学习了时间序列分析的基本概念和一些技术，如 ARIMA 模型。

在第 3 章中，我们将探讨强化学习。强化学习是机器学习中涉及算法的一个领域。在强化学习中，应用程序能够根据当时的环境采取对应的行动，从而最大限度地提高结果的有效性。我们还将研究如何使用强化学习来使银行业务中的决策自动化。这听起来很令人兴奋，不是吗？

03

第 3 章
使用强化学习
自动化商业银行贷款融资

商业银行一般通过赚取贷款利息来赚钱。但是在许多情况下，贷款会成为银行的**不良资产**（Non-Performing Asset，NPA）。在某些情况下，借款人可能会破产，从而使银行蒙受损失。在这种情况下，对于商业银行而言，评估借款人能否按时偿还贷款的能力就变得至关重要了。

现在，如果我们仔细观察这个业务场景，就会发现，每一笔贷款的资金都是来自其他客户的存款。为此商业银行要对存款人的存款支付利息。这通常就是存款人资金的利息，一般由银行按季度记入贷方（按季度这点各个国家、地区和具体银行会不一样）。如果银行向借款人收取较多的利息，而向存款人支付较低的利息，银行就能获利。

在本章中，我们将利用机器学习的一个重要领域——**强化学习**，来推导出上述业务场景的解决方案。

除此以外，我们还将研究强化学习是如何有助于银行业务的示例。强化学习是机器学习的三大领域之一，其他两大领域是有监督学习和无监督学习。强化学习特别适合用于需要根据周围环境或当前环境进行决策的业务场景。在强化学习中，通过奖励机制来推动智能体（又称主体、代理，本书统一叫智能体）"前进"。智能体必须要选择多个选项中的一个。如果智能体选择了正确的选项，将会得到奖励。否则，智能体将受到惩罚。智能体的目标就是最大限度地增加它们在每一步中接近奖励的机会，并最终获得奖励。

在本章中，我们将介绍以下主题。

- 分解商业银行的业务。

- 人工智能建模技术。

- 模型性能的测量指标。

- 构建破产风险预测模型。

- 使用强化学习自动化贷款融资。

在继续学习强化学习之前，我们有必要了解商业银行的业务以及它是如何运作的。

3.1　分解商业银行的业务

商业银行作为拥有多余资金的人（存款人）和需要资金的人（借款人）之间的中介，有两个重要的问题需要回答。

- 给借款人借款的风险有多大？

- 资金的成本是多少？

这是两个十分重要的问题，我们在研究如何维持商业银行业务运营所需的利润，以弥补其运营成本时，必须要考虑这两个问题。

如果关于这些问题的决策制定不当，就可能会威胁到商业银行的生存。在这种情况下，可能会产生两种结果。

- 如果当风险事件发生时，商业银行赚取的利润不足以"覆盖"风险和运营成本，商业银行就可能会倒闭。

- 如果商业银行不能满足存款人的取款要求，或者不能履行借款人的贷款协议，就会损害信誉，从而赶走潜在的客户。

3.1.1　主要风险类型

要回答"给借款人借款的风险有多大？"这个问题，我们首先需要了解导致风险产生的因素。

风险是指未来会影响银行运作的不利结果。对于商业银行来说，主要的风险包括以下几类。

- **信用风险**：这种风险在商业银行中主要是指借款人在借贷交易中无力向银行还本付息。例如，借款公司陷入财务困境，导致其无力偿还贷款。

- **市场风险**：这种风险在商业银行中主要是指金融市场上不利的价格变动。例如银行资金来源市场的加息。

- **运营风险**：这种风险是指银行组织运营中发生风险事件。例如内部盗窃、网络攻击等。

关于风险类型的完整列表，请参考国际清算银行的《巴塞尔协议》。

3.1.2　资产和负债管理

商业银行需要存款来为贷款提供资金。除了评估给借款人借款的风险之外，商业银行还需要将存款人的存款转化为借款人的贷款。因此，对存款和借款的定价机制就很重要了。对于商业银行来说，贷款位于财务报表的资产端，而存款位于负债端。这通常被称为**资产和负债管理**（Asset and Liability Management，ALM）。

在本书中，我们将只关注整个资产和负债管理中的一部分——资金方面，而不会涉及其他风险，如流动性风险、利率风险和外汇风险等。以下是商业银行资产和负债管理的目标。

- 第 1 个目标就是要确保贷款能够得到存款的支持，要确保银行有足够的存款，以应对存款人提款。就总数量而言，大约 100 美元的存款可支持 70 美元的贷款。可以参考一些大银行的比例，存款与贷款的比例应该在 1.2∶1 ~ 1.5∶1。

- 第 2 个目标与存款的存放时长和贷款的放出时长有关。为了履行长期贷款的承诺（授信贷款），商业银行还需要将存款锁定足够长的时间，以确保贷款能够长期得到存款的支持。

- 第 3 个目标是资产和负债管理需要获得盈利，即资产和负债管理的收入要高于资产和负债管理的成本。这里的成本其实就是银行给出的存款利息，收入其实就是银行给出的贷款利息。

商业银行众所周知的获得盈利的秘诀之一就是将短期存款（利息支出较低，期限越长年利率越高）转化为长期贷款（利息收入较高，期限越长年利率越高），即尽量通过很多笔利息较低的短期存款融资，然后通过长期贷款贷出。图 3-1 所示为商业银行对其存款/贷款的定价全貌。

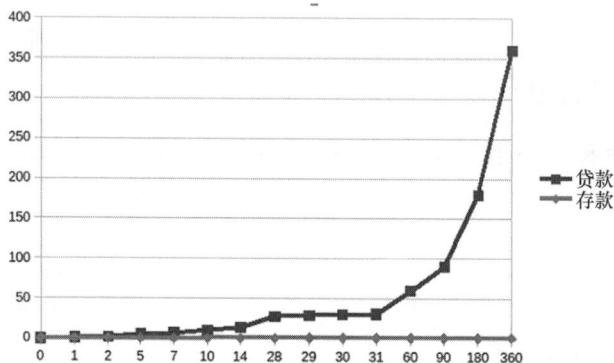

图 3-1

在图 3-1 中，横轴表示存款/贷款头寸在商业银行的停留时间（天数），纵轴表示年化利率（此处只是举例，并非真实数据）。

3.1.3　利率计算

虽然计算存款利息的方法有很多种，但较常见的计算方法是以年化形式报价，即年化利率。换句话说，就是假设存款存放了一年的利息，而不管该存款的实际存放期限。

例如，如果一笔存款的 7 天期利率是 1%，这意味着在 7 天内，我们将会按照以下公式来计算利息（公式中的 i 表示 7 天所收的利息回报率）。

$$\left(1+\frac{1}{365}\right)\times\frac{7}{365}=1+i$$

我们只需要将年化利率除以 7，就可以得到 7 天的年化利率。这样做的原因是，对于市场交易商来说，有一个标准化的报价方式是十分有用的。

我们将在 3.5 节中，介绍使用这个公式来进行利息定价。但是，关于利息定价还有许多其他细节，包括不同的复利方式（可以从利息中赚取利息）和天数约定（365 天、实际日历或实际工作日、360 天、220 天等）。为了便于说明，在本书中假设一年是由 365 天组成的，并且使用简单利率而不计算复利。

3.1.4 信用评级

除了资产和负债管理中描述的贷款成本外，银行的另一个角色是评估与客户交往时的风险程度。这种风险程度会被添加到资金成本中。这个概念在银行中被称为**信用评级**。

巴塞尔委员会主持评估和实施银行风险管理的全球条例。根据巴塞尔委员会对"违约/损失"的定义，信用评级预测的是借款人（被评级者）在一年内破产的概率。

借款人通常会因公司破产而违约。所以，我们通常会把违约和破产这两个术语交替使用。

最基本的问题是，如何根据我们所能得到的和要求借款人提供的资料，来得知借款人会在一年内破产从而无法履行还款义务的可能性有多大？借款人无法履行还款义务可能会有很多原因，但有一个显而易见的原因就是借款人的财务状况不佳。

财务报表就像公司的成绩单，虽然制作起来需要时间，但它符合一定的国际通行标准，并有审计师对其质量的保证背书。

3.2 人工智能建模技术

现在我们已经了解业务功能上的相关概念，是时候转向介绍技术概念了。在本节中，我们将学习相关的人工智能建模技术，包括蒙特卡罗模拟、逻辑回归模型、决策树和神经网络等。

3.2.1　蒙特卡罗模拟

蒙特卡罗模拟（又称蒙特卡洛模拟，本书统一称为蒙特卡罗模拟）使用大量计算来预测物体的行为，它假设随机运动是可以用概率来描述的。蒙特卡罗模拟是研究物理学分子运动的标准工具，只有在确定运动模式的情况下才能进行预测，而运动模式又是用概率来描述的。

金融专业人士会采用蒙特卡罗模拟来描述证券的定价动向。我们将在 3.5 节中介绍使用蒙特卡罗模拟来模拟定价。

3.2.2　逻辑回归模型

逻辑回归模型是人工智能在金融业最流行的模型之一，尤其是在信用风险建模领域。逻辑回归模型的目标变量是一个值为 1 或 0 的二元结果。至于具体 1 和 0 指的是什么，则取决于具体业务场景以及我们是如何准备数据的。

在本章的例子中，目标变量可以是在一年内会破产的公司。因为建立 1 和 0 模型的函数叫逻辑函数，所以这个模型叫逻辑回归模型（逻辑函数是指一类返回值为逻辑值 true 或逻辑值 false 的函数）。

讲到这里，不知道读者是否还记得我们在第 2 章中提到过，"分类"返回枚举值/布尔值/离散值，"回归"返回非枚举值/连续值。那为什么这里的逻辑回归模型却返回布尔值？这个问题问得好！因为逻辑回归模型其实是一个"分类"算法而不是"回归"算法，所以它返回枚举值/离散值。之所以称其为"回归"是基于一些历史原因，我们只要记住这一点，就不会混乱了。

3.2.3　决策树

决策树算法实际上属于有监督学习类算法。但是，由于该算法本身特有的性质，因此它通常被用来解决回归和分类问题。而回归和分类往往需要根据当前的情况来进行决策。因此，这些问题通常会采用强化学习算法来解决。

恰如其名，决策树呈树形结构，决策树可以看作 if-then 规则的集合，也可以认为是定义在特征空间与类空间上的条件概率分布，其主要优点是可读性高、分类速度快。使用决策树的好处在于，我们可以实际、直观地可视化决策树的表示形式。决策过程从树的顶部开始，然后分支到树的叶节点。叶节点是目标变量的最终落脚点。所有被分类到同一叶节点的变量的值都包含相同的违约概率。图 3-2 所示为决策树算法的可视化例子，该算法正在做出是否应该向申请人提供贷款的决策。

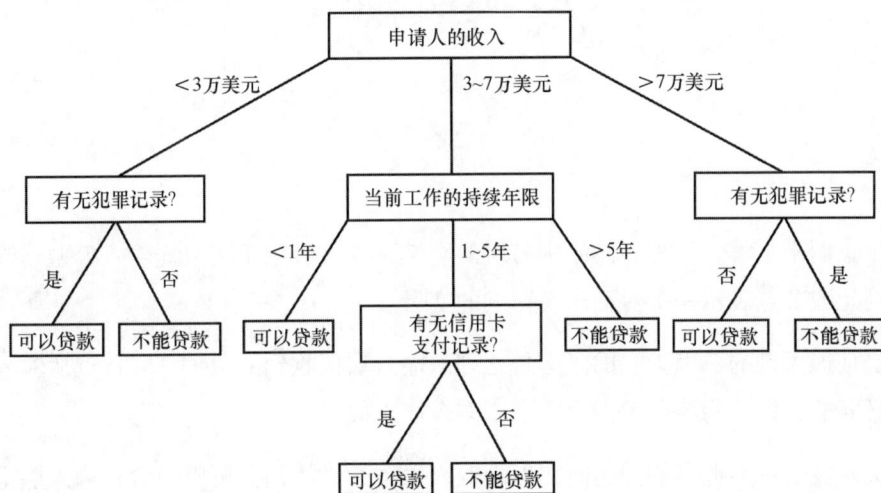

图 3-2

在决策树中，常见的方法是判断叶节点的大小，它指的是每个训练样本被分类的桶（bucket）的大小。如果桶里所包含的样本比最小样本节点（本书配套源代码 3A_1_credit_model.py 中的 min_samples_leaf）参数所规定的样本少，那么它将被删除。这样做可以减少桶的数量。

决策树的优点之一是得到的模型很容易可视化，非专业人士也容易理解。决策树的缺点之一是让机器去学习树的各种分支却很难。

3.2.4 神经网络

一个简单的神经网络的样子如图 3-3 所示。

它由 3 层组成，即**输入层**、**隐藏层**和**输出层**。每一层都由多个节点组成。用于解决人工智能问题的神经网络模仿了人类大脑的物理神经网络。人类大脑中的神经元在神经网络中体现为节点，神经元之间的连接在神经网络中则体现为权重。

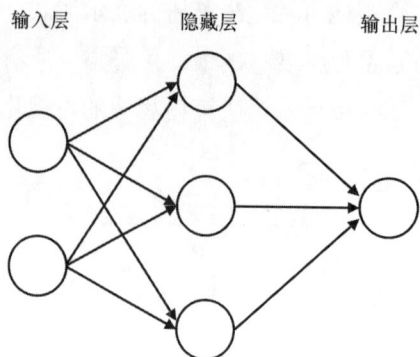

输入层 隐藏层 输出层

图 3-3

现在让我们来了解一下神经网络中各层的意义。输入层用于将数据输入模型。输入层中的每个神经元或节点表示一个对输出有影响的变量。

隐藏层是极关键的,因为它的工作是处理从输入层接收到的数据,并负责从输入层的数据中提取必要的特征。隐藏层可以由一个或多个层组成。

在解决线性表示的数据的问题时,处理输入数据的激活函数可以包含在输入层本身中。然而,对于处理复合表示的数据,则需要一个或多个隐藏层。隐藏层的具体数量取决于数据的复杂程度。隐藏层将处理后的数据传递给输出层。

输出层负责收集和传输数据。输出层所呈现的模式可以追溯到输入层。输出层中的节点数量取决于最终要做出的决策的数量。

3.2.5 强化学习

在强化学习的情况下,模型每"走"一步就会马上收到反馈。首先,让我们来了解一下强化学习所涉及的术语。

- **智能体**:指做出行为的人/事/物。在我们的例子中则是指商业银行。

- **行为**(又称行动):指智能体所做的实际工作。在我们的例子中则是指商业银行提供定价网格。

- **效用函数**:分配数字来代表一个状态的可取性。效用函数是通过从实际盈亏(又称损益）/资金状况与存款利率和贷款利率定价网格给出的反馈中的交互作用来学习的。

- **奖励**：这是结果可取性的数字表示。在我们的例子中，它是指累计盈亏目标标志（达到或未达到自筹资金目标的二元结果，1 代表达到，0 代表未达到）。如果商业银行未达到自筹资金目标，累计盈亏目标标志将为 0。

- **策略**：根据所预估的效用选择对应的行为。在我们的例子中，我们的策略还不会演变，它只会简单地选择能够提供下一状态最大回报值的定价网格。这样的策略叫作利用（exploitation），它不会放弃当前的盈亏去追求长期的盈亏。与利用相对的是探索（exploration），探索是关心客户关系的银行家的正常行为，他们会珍惜客户关系的长期盈利能力。即使在短期内就发现了存款人和借款人不会获得盈利，但是如果能够获得长期的盈亏，银行家都会对客户表现出一定的黏性。这点是我们的例子目前没有的，如果要实现这点，则需要在例子中使用探索策略。探索和利用都是强化学习中的专业术语。利用是指做当前知道的能产生最大回报的事情。探索是指做以前从来没有做过的事情，以期望获得更高的回报。

3.2.6　深度学习

本书所讲的模型或技术，复杂度会逐步提高。在本例中，我们将假设输入层中会有 36个变量/特征，比前文所述的更复杂。在输出层中将会有两个变量/特征——一个是盈利能力，另一个是自筹资金状况。在输入层和输出层之间有 3 个隐藏层——紧接输入层的是一个包含10 个神经元的隐藏层，然后是两个各包含 15 个神经元的隐藏层。这些层最终会形成一个能为商业银行做出一般性定价决策的神经网络。

在这个估算盈利能力和自筹资金状况的神经网络中，输入层有 36 个变量/特征，3 个隐藏层分别各有 10 个、15 个、15 个神经元，输出层有一个输出神经元用于生成盈利能力（当天的累计盈亏）或存款与贷款的百分比。

可见，与逻辑回归模型相比，深度学习的输入特征要复杂得多，并且所涉及的参数数量也是逻辑回归模型的 10 倍以上。

表 3-1 所示为定价模型的摘要。

表 3-1

层	形状	参数数量
输入层	(1, 36)	0
第 1 个隐藏层	(1, 10)	370
第 2 个隐藏层	(1, 15)	165
第 3 个隐藏层	(1, 15)	240
参数数量总计		775

在表 3-1 中，第一列列出了是哪个层——输入层或隐藏层。第二列表示层的形状，即从前一层连接到当前层的参数数量。

现在我们计算一下第 1 个隐藏层的参数数量。在这个例子中，前一层的 36 个特征连接到当前层的 10 个神经元。我们还需要用等于当前层中特征数量的常数来实现跨特征的缩放。所以，第 1 个隐藏层中的参数数量达到了 36×10+10=370。其他层依次类推。

知道如何计算参数数量有助于我们了解训练数据量是否足以训练神经网络。大家可以思考一下，要求解一个有两个目标变量的问题需要多少个公式——至少需要两个。公式就像深度学习中的训练数据，而变量就像神经网络中的参数。

3.3 模型性能的测量指标

当我们建立一个人工智能模型的时候，重要的是要定义一个测量模型性能的标准。这样才能有助于数据科学家决定如何改进和选择最佳模型。

在本节中，我们将了解业界常用的 3 个用于测量人工智能模型的性能的指标。

3.3.1 指标 1——ROC 曲线

接受者操作特征（Receiver Operating Characteristic，ROC），又称接收器操作特征、受试者工作特征，ROC 曲线指标用于测量分类器与随机分类器的分类工作执行情况。这个指标所测量的分类器是一个二元分类器。这个二元分类器根据预定义的分类规则，将给定的数据集分为两组。

举一个例子，我们拿抛掷硬币进行类比，将公司划分为会违约的和不会违约的，正面（阳性）表示会违约的，反面（阴性）表示不会违约的。那么公司将有 50% 的概率会被划分为会违约的，有 50% 的概率会被划分为不会违约的。

对于一个完全随机化的预测系统，例如抛硬币，命中正面（阳性）的概率和命中反面（阴性）的概率是一样的。但是在一年内违约的公司，在下面的例子中，其概率是 6.3%（1951 家中的 123 家），也就是说我们实际统计的不会违约的公司是 1828 家，会违约的公司是 123 家。

我们把真阳性率和假阳性率绘制成 ROC 图。阳性是指分类器结果为 1。真阳性是指对违约事件的预测是会违约，实际上也是违约了，预测正确。假阳性是指对违约事件的预测是会违约，但是实际上并没有违约，预测错误，即误判。真阴性是指对违约事件的预测是不会违约，实际上也没有违约，预测正确。假阴性是指对违约事件的预测是不会违约，但是实际上违约了，预测错误，即漏判。以图 3-4 为例，当我们还未开始做预测时，真阳性率和假阳性率应该都为 0，也就是左下角的 (0,0) 点。图 3-4 中那条 45 度的虚线代表完全随机化的分类器（如抛硬币），ROC 曲线代表我们的分类器。至于为什么会出现这样的曲线，这涉及一个叫"阈值"的概念，要想讲清楚这点，至少还需要一章的篇幅，这不太符合本书的定位。如果你想了解更多，可以上网搜索"ROC 贷款"。

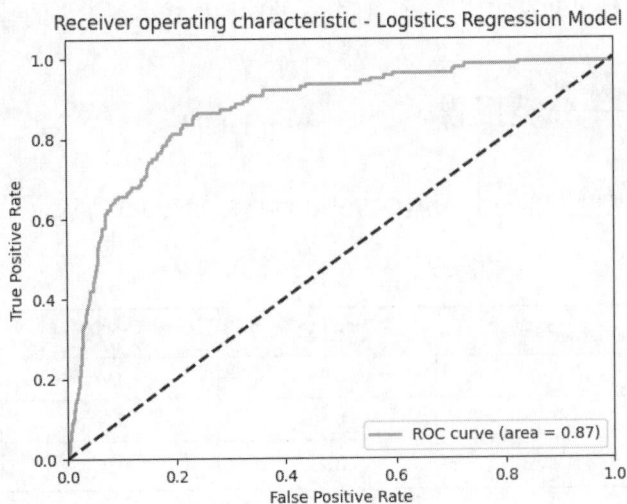

图 3-4

在最理想的分类器情况下，我们应该可以将真阳性率提高到 100%，将假阳性率降低到 0%，体现为 ROC 曲线下的区域面积为 1。

对于最差的分类器，则会把所有的东西都 100%归类到不正确的分类上，即真阳性率为 0%，假阳性率为 100%。在信用风险模型验证中，ROC 曲线的使用也很普遍。

3.3.2 指标 2——混淆矩阵

混淆矩阵（又称误差矩阵，本书统一叫混淆矩阵）是用来测量分类器性能的常用指标，表现形式如表 3-2 所示。

表 3-2

		真实值	
		实际上违约了	实际上没违约
分类器预测结果	预测会违约	62（真阳性）	27（假阳性）
	预测不会违约	61	1801
分类器预测准确率		真阳性率 ＝ 62/(62+61)	假阳性率 ＝ 27/(27+1801)

混淆矩阵测量的结果与 ROC 曲线的类似，因为它是 ROC 曲线的基础。只不过混淆矩阵是通过将分类器预测结果和真实值按行和列分开的这种形式表现出来的。

3.3.3 指标 3——分类报告

分类报告是对模型性能的另一种测量方式，其指标如表 3-3 所示。

表 3-3

	查准率	查全率	F1 分数	Support
0	0.97	0.99	0.98	1828
1	0.69	0.50	0.58	123
平均/总计	0.95	0.95	0.95	1951（总计）

各项指标的详情如下。

- **查准率（precision）和查全率（recall）**：查准率指示出的是模型预测的真阳性率，即预测的准确程度，又称准确率。而查全率指示出的是模型的覆盖率，即预测的全面程度，又称召回率。查准率测量的是真阳性占"真阳性+假阳性"的百分比。查全率测量的是真阳性占"真阳性+假阴性"的百分比。

- **F1 分数（F1-score）**：测量模型整体准确率的重要指标之一是 F1 分数。它是查准率和查全率的调和平均值，我们通常用它来比较模型的性能。

- **Support**：这是另一个术语，指的是最左边一列所列数值的记录数。实际违约公司有 123 个（违约一栏中的目标值等于 1，即表 3-3 中第 3 行第 1 列）。

3.4 构建破产风险预测模型

商业银行作为借贷机构，需要确定出能够覆盖贷款成本的利率。商业银行所提供的利率要考虑到商业银行向他人借款的成本，以及借款公司收到银行贷款后可能破产的风险。

在这个例子中，我们将从商业银行的角度来评估借款公司破产的概率。这方面的数据来自 data.world，它为我们提供了不同公司的破产预测数据。这部分数据是从（Emerging Markets Information Services，EMIS）数据库收集的。

本例中介绍的 EMIS 数据库包括 2000～2012 年破产的公司和 2007～2013 年都还在运营的公司的信息。收集数据之后，我们将根据预测时期将其分成 5 种类别。类别"第一年"包含预测时期当年财务费率的数据。还有一类显示的是 5 年后的破产状况。

3.4.1 获取数据

我们将使用一个程序来进行数据转换，然后用另一个程序从下载的数据中训练一个模型。

（1）从本书配套源代码的 Chapter03\3A_credit_model 目录中下载 5year.arff 文件。

（2）然后，我们将对数据进行预处理，以及通过提取、转换和加载来进行特征工程。因为 Python 很难读取 ARFF 文件，所以需要先转换文件类型为 CSV 格式。用来转换文件类型的代码请见本书配套源代码的 Chapter03\3A_credit_model 目录中的 3A_1_1_arffToCsv.py 文件。

3.4.2 构建模型

在这个例子中，我们将尝试使用 3 种类型的模型：逻辑回归模型、决策树模型和神经网络模型。

在获得计算能力之前，根据我们要解决的问题，以及我们需要从机器上得到什么答案来选择模型是很常见的。然而，现在我们倾向于尝试使用所有可能的模型，然后挑选性能最好的模型。

在本例中，我们希望预测的目标行为是公司的违约行为——这在机器学习界被称为目标变量。我们将通过部署通用的指标来比较不同模型的性能，以得出模型根据给定输入数据来预测目标变量的准确率。

在这个例子中，我们需要以下库。

- os：在本例中用于操作文件。

- re：用于匹配列标题的正则表达式。

- pandas：使用 DataFrame 来二维化数据。

- matplotlib.pyplot：用于绘制模型结果以展示其准确率。

- seaborn：一个优秀的数据分析可视化工具。

- sklearn：一个机器学习库，包括非常强大的数据准备、拆分、训练集和测试集、重新调整数据值以反馈给神经网络、处理缺失值或值异常等功能。

- pickle：用于保存机器学习过程中生成的模型文件。

- graphviz：用于可视化决策树。

步骤如下。

（1）通过以下代码导入相关库。

```
import os
import re
```

```
import pandas as pd
import matplotlib.pyplot as plt
import seaborn as sns

from sklearn.metrics import classification_report,roc_curve,
auc,confusion_matrix,f1_score
from sklearn.model_selection import train_test_split
from sklearn.feature_selection import RFE
from sklearn import linear_model,tree
from sklearn.neural_network import MLPClassifier
from sklearn.preprocessing import StandardScaler

import pickle
import graphviz
```

导入库之后，第一个模型是逻辑回归模型。对于逻辑回归模型来说，当决定要选择哪些特征时，我们将测试不同特征的准确率，然后选择准确率最高的组合。

（2）定义 optimize_RFE()函数，该函数将执行特征选择过程。该函数将尝试使用各种不同的特征组合，以获得最高的真阳性率和最低的假阳性率。我们将测量性能，以确定产生最佳性能的特征数量。以下是该函数定义的代码。

```
def select_columns(df, col_list):
    ...
def generate_column_lists(col_support,col_list):
    ...
def optimize_RFE(logreg, X, Y, target_features = 10):
    ...
    while trial_cnt<=target_features:
        rfe = RFE(logreg,trial_cnt,verbose=1)
        ...
        select_cols = generate_column_lists(col_support, col_list)
        X_selected = select_columns(X,select_cols)
        ...
        #build model
        ...
        ##metric 1: roc
        ...
        #memorize this setting if this ROC is the highest
        ...
    return max_roc_auc, best_col_list, result_list

def train_logreg(X,Y):
    print('Logistic Regression')
```

```
    logreg = linear_model.LogisticRegression(C=1e5)
    roc_auc, best_col_list, result_list = optimize_RFE(logreg, \X, Y, 20)
    scaler = StandardScaler()
    scaler.fit(X_train)
    ...
    ##metric 1: roc
    ...
    ##metric 2: Confusion matrix
    Y_pred_logreg = logreg.predict(X_test)
    confusion_matrix_logreg = confusion_matrix(Y_test, \Y_pred_logreg)
    ...
    #common standard to compare across models
    f1_clf = f1_score(Y_test, Y_pred_logreg, average='binary')
    ##Quality Check: test for dependency
    ...
    ##save model
...
```

（3）除了逻辑回归模型，我们还将构建决策树模型，特征选择将由算法在训练时进行。与逻辑回归模型不同，对于决策树模型我们不需要限制训练过程输入的特征数量，代码如下。

```
'''
## Decision Tree
'''
#feed in data to the decision tree
def train_tree(X,Y):
    print('Decision Tree')
    #split the dataset into training set and testing set
    ...
    tree_clf = \
        tree.DecisionTreeClassifier(min_samples_leaf=min_leaf_size)

    #preprocessing the data
    scaler = StandardScaler()
    scaler.fit(X_train)
    ...
    #fit the training data to the model
    ...
    ##metric 1: roc
    ...
    ##metric 2: Confusion matrix
    ...
    #common standard to compare across models
    ...
    ##save model
    ...
```

（4）然后，我们将在模型组合中加入一个神经网络模型。它与决策树模型类似，特征选择将由算法在训练时进行。然而，执行网格搜索以进行超参数调整是很重要的。我们要搜索的超参数是属于神经网络架构范畴的。换句话说，也就是我们需要构建多少层才能提供最佳的性能。超参数是指在开始学习过程之前设置的参数，而不是通过训练得到的参数数据。通常情况下，我们需要对超参数进行优化，给学习机选择一组最优超参数，以提高学习的性能和效果。以下是训练神经网络模型的代码。

```
##Grid search that simulate the performance of different neural
network #design
def grid_search(X_train,X_test,
Y_train,Y_test,num_training_sample):
    ...
    #various depth
    for depth in range(1,5):
        ...
        for layer_size in range(1,8):
            ...
            nn_clf = MLPClassifier(alpha=1e-5, \
                    hidden_layer_sizes=hidden_layers_tuple, \
                    random_state=1)
            ...
            ...
    #various size

def train_NN(X,Y):
    print('Neural Network')
    #split the dataset into training set and testing set
    ...
    #preprocessing the data
    scaler = StandardScaler()
    scaler.fit(X_train)
    ...
```

对于本章所列举的所有模型，我们还需要测量其准确率。我们将使用两种不同的方法（ROC 曲线和混淆矩阵）来测量准确率。

（5）定义完这些函数后，我们使用下面的代码示例来调用函数。3 个模型是一个接一个构建的。结果存储在 f1_list 中，以便以后可以输出。

```
f1_list = []
f1_score_temp= 0

#logistic regression model
```

```
log_reg,f1_score_temp = train_logreg(X,Y)
f1_list.append(f1_score_temp)
log_reg.get_params()

#decision tree
tree_clf,f1_score_temp = train_tree(X,Y)
f1_list.append(f1_score_temp)
tree_clf.get_params()

#neural network
nn_clf,f1_score_temp = train_NN(X,Y)
f1_list.append(f1_score_temp)
nn_clf.get_params()
```

（6）使用以下代码来可视化每个模型的性能。

```
'''
#4 Visualize the result
'''
print('********************')
print('f1 of the models')
print(f1_list)
print('********************')
```

（7）使用以下代码来可视化决策树模型。

```
#for visualization of decision tree
x_feature_name = fields_list[:-1]
y_target_name = fields_list[-1]
d_tree_out_file = 'decision_tree'
dot_data = tree.export_graphviz(tree_clf, out_file=None,
                      feature_names=x_feature_name,
                      class_names=y_target_name,
                      filled=True, rounded=True,
                      special_characters=True)
graph = graphviz.Source(dot_data)
graph.render(d_tree_out_file)
```

在 3.5 节中，将介绍利用强化学习来决定是否应该为贷款融资。

3.5　使用强化学习自动化贷款融资

假设我们是商业银行的负责人，那么弄清贷款所需资金的成本就变得很重要了。我们要解决的问题涉及 3 个部分，即商业银行、存款人和借款人。首先，我们假设只有一家商业银行，但存款人和借款人很多。存款人和借款人在本例中将通过随机生成的数据来创建。

当在机器学习中模拟这些参与者的不同行为时，我们将这些参与者中的每一个都称为智能体或对象实例。我们需要创建成千上万的智能体，其中一些是存款人，一些是借款人，一个是商业银行，一个是市场。接下来，我们将描述每种类型的智能体的行为。

假设我们现在扮演商业银行财务部门负责人的角色。财务部门负责人的工作是报出无风险融资的成本。与客户打交道的商业银行将承担融资成本，再加上信贷风险成本，构成融资的总成本。高于该融资总成本的任何额外保证金都应算为商业银行的净出资。但是在财务报表上，来自客户的实际利息收入将会从利息成本一项中扣除，体现为商业银行的净利息成本。

我们需要商业银行每个期限（如 1 天、2 天等）的贷款和存款利率定价。在本例中，我们将模拟这方面的数据，期限、贷款或存款金额、开始日期和利率等数据都将通过模拟产生。

3.5.1 了解利益相关者

在使用人工智能建模来定义解决方案时，我们通常都会模拟相关实体的行为。对我们来说，先了解清楚利益相关者的行为是十分重要的。在本例中，我们需要了解以下利益相关者的行为——商业银行、存款人和借款人。

商业银行有两个目标。

- 生成存款利率和贷款利率的定价网格。
- 计算其在任何时间点的盈亏并预测自筹资金状况。

我们将假设存款利率和贷款利率的定价网格是按不同期限来定价的。

在本例中，我们引入了强化学习来更新定价，并通过考虑最近的行为对盈亏以及资产和负债比例的影响等反馈做出调整。我们将假设存款人会在存款到期时对存款利率有不同的预期。在一天结束时，我们将假设存款人在取出自己利息收入的同时，也会取出银行账户上的存款金额。

在存款到期的前一天和存款到期日，存款人将会考虑是要继续留下存款还是提取存款。

此时，我们将通过随机产生的预期利率来模拟决策。有 50% 的概率是存款人会预期利率增加，有 50% 的概率是存款人会预期利率减少。然后，存款人会将这个预期和商业银行在该期限的利率报价进行比较。如果商业银行满足了存款人这一预期，那么这笔存款将被保留下来；否则，这笔存款将会离开商业银行。

关于存款人对利率预期的变化，将会有两种：一种是完全线性的，另一种是遵循正态分布。如果这笔存款离开了商业银行，我们将假设这笔存款会存入另一家商业银行。所以，在另一家商业银行的存款到期日，存款人也会设定自己对利率的预期值，并评估是将存款留在那家商业银行还是又存回我们这家商业银行中。

对于借款人来说，我们将假设其行为与存款人的行为一样，也同样会在每日结束时进行计提，在贷款到期日，借款人会重新考虑是否继续向这家商业银行借款。这用贷款利率预期来表示，具体的模拟方法与存款人的基本相同。但不同的是，商业银行提供的贷款利率必须低于借款人的预期值，借款人才会继续向这家商业银行借款。

3.5.2　得出解决方案

以下是创建存款人和借款人每天的上述行为的步骤。

（1）首先，我们需要从贷款和存款清单中导入数据，以生成借款人和存款人清单。在这一步中，我们通过从 CSV 文件中加载数据来模拟不同日子里的借款人和存款人。下面的代码示例展示了生成借款人和存款人清单的相关代码。

```
##Step 1: Import Data from the list of Loans and Deposits
##Based on an input file, generate list of borrowers and depositors at the beginning
##Keep the master copy of clean clients list
'''
list_depositors_template,list_borrowers_template =
generate_list(f_deposit_path,f_loan_path,start_date)
```

（2）在每次迭代开始时（除开市首日外），将提供利率的市场定价，商业银行也需要提供利率的定价。我们将模拟一定的次数（在本例中是 1000 次）。在每次模拟中，我们将假设时期为 10 年（3650 天=365 天/年×10 年）。在其中的任何一天，存款人和借款人将通过参考市场利率来设定他们的预期值。我们将在每次模拟的第一天根据存款人列表模板和借款人列表模板创建存款人和借款人列表。以下是运行 1000 次模拟的代码。

```
print('running simulation')
for run in range(0,1000):
    print('simulation ' +str(run))
    #reward function reset
    reward = 0

    list_depositors = copy.deepcopy(list_depositors_template)
    list_borrowers = copy.deepcopy(list_borrowers_template)
    ...
 jpm = bank()
    env = environment(reward_model_input_features)
    ...
    #market is also a bank (collective behavior of many banks)
    #market object created
    market = bank()
    mkt_deposit_pricing_grid = market.generate_deposit_grid(deposit_constant_grid)
    mkt_loan_pricing_grid = market.generate_loan_grid(loan_constant_grid)
    ...
```

运行该步骤的代码将会创建一个商业银行对象（jpm = bank() 这行代码）。此时，商业银行内部将会初始化两个神经网络——一个用于存款利率定价，一个用于贷款利率定价。然后同样的事情再做一遍，不过这次创建的对象叫作市场（market = bank() 这行代码）。

然后输入市场的初始定价值，再通过蒙特卡罗模拟随机生成最终的市场定价数据。在市场定价的基础上，存款人和借款人通过参考市场定价来设定自己的预期值，以及属性倾向。设定预期值后，将生成存款利率定价和贷款利率定价这两个变化网格。

（3）存款利率定价和贷款利率定价将由两个神经网络和蒙特卡罗模拟产生。贷款和存款利率定价网格所需的网格变化是通过神经网络产生的。但是，商业银行对象是根据神经网络所生成的定价来随机生成定价的。以下是用于建立模型的代码（此处使用 3.1.3 节提到的关于利率的计算公式）。

```
#build a model if this is the first run, otherwise, load the saved model
#bank and environment objects created
...
deposit_pricing_grid_pred =
jpm.generate_deposit_grid(deposit_constant_grid)
loan_pricing_grid_pred = jpm.generate_loan_grid(loan_constant_grid)
loan_pricing_grid_prev = loan_empty_grid
```

```
deposit_pricing_grid_prev = deposit_empty_grid
loan_pricing_grid_final = loan_empty_grid
deposit_pricing_grid_final = deposit_empty_grid

#market is also a bank (collective behavior of many banks)
#market object created
market = bank()
...


daily_loan_list=[]
daily_deposit_list=[]
daily_net_asset_list=[]
cum_income_earned =0
cum_expense_paid =0

mkt_expense = 0
mkt_income = 0

for i_depositor in list_depositors_template:
...

for i_borrower in list_borrowers_template:
...
#3B.iv generate the amount the bank has to pay to the depoistor as expense
def generate_expense(self,curr_dte):
    expense = 0
    duration=0
    amt = 0
    if curr_dte <= self.m_dte and self.exist:
        expense = self.curr_amt * self.curr_pric / 100 /365
        duration = self.curr_amt * (self.m_dte - curr_dte).days/365
        amt = self.curr_amt
    return expense,duration,amt
```

通过以上代码，强化学习所需的环境就被创建好了。在本例中，环境对象包含神经网络模型以及外部环境，如市场利率定价、到期借款人和存款人。

（4）以下是用于生成当天定价网格的代码。

```
##Generate two pricing grids for the day
mkt_deposit_pricing_grid, mkt_loan_pricing_grid = \
                        market.generate_pricing_grids_MC()
loan_pricing_grid_pred,x_np_loan = jpm.generate_loan_grid_ML(...)
deposit_pricing_grid_pred,x_np_deposit = \
```

```
                              jpm.generate_deposit_grid_ML(...)
loan_pricing_grid_prev = loan_pricing_grid_final
deposit_pricing_grid_prev = deposit_pricing_grid_final
...
```

商业银行的定价模型是基于机器学习模型的。市场利率的定价则基于蒙特卡罗模拟的，然后计算出到期情况，并建立客户的定价预期。这个预期是基于市场利率定价和辅助函数定义的内部需求来随机化的。

（5）生成可能的定价列表、预测奖励，并选出最佳定价。这一步在强化学习领域被称为行为。本例中的行为则是指向客户和市场同行报出价格。基于前面生成的定价，我们用随机化的过程创建更多的变化（在我们的例子中为 20 种）。

```
## Generating list of all possible loan / deposit pricing,
including previous, and current predicted pricing
...
#generate lots of variations:
for i in range(0,num_randomized_grid):
...
#accessing each of the choice
...
## Predict the reward values of each the variation and make the choice of pricing
for loan_i in range(0,num_grid_variations):
    for deposit_i in range(0,num_grid_variations):
    ...
    #Policy A
    if max_reward<= temp_reward:
    ...
    #Policy B: if both conditions fail, randomize the choice
    ...
    #Policy C: Choose the best choice & reward
    ...
```

利用环境对象的机器学习模型，我们可以预测每一种变化的结果，并选择最佳的变化，以最大限度地提高盈利能力，满足贷款的资金需求。

（6）执行定价网格。收入和支出是基于所选择的定价网格产生的，该网格在实现自筹资金平衡目标的同时产生最大的估计净利润。一旦选定了商业银行的定价网格，就会对到期的借款人和存款人执行。有些人会继续留在这家商业银行，有些人会离开这家商业银行。

```
#Carry forward the deposit and Roll-over the loan
#stay or not
##Update borrower and depositor
for i_borrower in list_borrowers:
...
for i_depositor in list_depositors:
...

# Actualized p n l
##************************************
# with clients
for i_borrower in list_borrowers:
#pocket in the loan interest
...

for i_depositor in list_depositors:
#pay out the deposit interest
...
#market operations
...
##************************************
#End of day closing
##************************************
#cumulative income = income earned from client + income earned from
market (if any excess deposit placed overnight)
...

#cumulative expense = expense paid to the client + expense paid to
market (if any insufficient deposit to fund overnight pos)
...
#Closed book for the day
...
f_log.write('\n***************summary run:' +str(run) + ' day '
+str(day_cnt)+'***************')
...
```

在一天结束时，将为留在商业银行的人计息，并更新商业银行的会计账簿（商业银行对象中的变量）。每天的头寸也会输出到日志文件中。

获胜的组合信息将会被反馈到模型中，用于商业银行和环境的进一步强化学习。反馈的信息将包含商业银行实际的存/贷款利率定价的盈亏；对于环境，实际的盈利能力和自筹资金状况将反馈给奖励模型。

实际的盈亏能力和自筹资金状况也将会反馈给环境对象和商业银行对象，以便更准确地预测奖励和定价。

（7）每次模拟结束后，结果都会保存在一个输出文件中，我们可以依靠它来监控强化学习的进度。在每次模拟结束后，将会输出最后一天的快照结果。以下是用于生成输出的代码。

```
#output result of this run and save model
print('run ' + str(run) + ' is completed')
...
```

通过对日志文件中的每个模拟结果进行详细分析，我们发现，盈亏的改善在第87次模拟时就停止了，因为盈亏在此之后就趋于平稳了。随着进一步的训练，盈亏开始下降，从而显示出过度训练的迹象。

3.6 本章小结

在本章中，我们通过两个例子来了解了不同的人工智能建模技术——一个例子是关于预测借款人破产的概率，另一个例子是关于计算贷款所需要的资金。我们在本章中还学习了强化学习和其他人工智能建模技术，包括深度学习、神经网络、逻辑回归模型、决策树和蒙特卡罗模拟。我们还结合本章所提供的例子来了解了商业银行的业务。

在第4章中，我们将继续学习更多的人工智能建模技术。我们将学习线性优化和线性回归模型，并使用它们来解决有关投资银行业务的问题。我们还将学习人工智能是如何成为资本市场决策自动化的工具的。

04

第 4 章
资本市场决策
自动化

在第 3 章中，我们学习了强化学习。我们主要学习了如何使用强化学习来实现商业银行业务决策的自动化。我们还学习了人工智能建模技术，如蒙特卡罗模拟、逻辑回归模型、决策树、神经网络和深度学习。然后，我们学习了如何构建一个破产风险预测模型，并利用强化学习为贷款融资做决策。

在本章中，我们将了解财务和资本市场的基本概念。我们将研究人工智能是如何使用宏观经济数据运行风险模型来生成销售预测以帮助我们优化最佳资本结构的。这点对企业内部财务领域的规划和与外部投资者的沟通是很有帮助的。对于企业内部财务领域，除了商业银行业务活动（其中包括为公司的日常交易活动提供资金）之外，还有投资银行业务活动。投资银行业务可以将投资者的资金拿给希望从资本筹集市场中获得更灵活的中长期活动资金部署的公司。我们将会学习两个例子，这两个例子有助于你对资金需求进行财务规划。

我们将在本章介绍以下主题。

- 了解投资银行业务的愿景。

- 财务领域的基本概念。

- 人工智能建模思想。

- 寻找最佳资本结构。

- 使用宏观经济场景来提供财务表现预测。

现在让我们开始吧!

4.1 了解投资银行业务的愿景

在我们了解财务领域的基本概念之前,我们需要了解投资银行业务的愿景。投资银行的未来取决于其对公司未来的财务表现和行为的估计有多准确,以及如何将业务的关键因素映射成模型中的特征。将来,向投资者分发证券将实现自动化,承销辛迪加也将实现自动化。承销辛迪加是投资银行业务里的一个专业术语,通俗地讲,它是指在证券的承销过程中,主承销商和辛迪加成员同意以协定价格买下所有的证券,然后再销售给自己的客户,此时证券发行人将风险转嫁给了投资银行,类似于包销模式。证券发行人是指为筹措资金而发行债券、股票等证券的政府及其机构、金融机构、公司和企业等法律实体,简称发行人。后文将介绍发行人在资本决策方面的内容,以及投资银行方如何利用模型寻找投资者,从而支持发行人的资本需求,以及根据财务信息预测客户的并购需求。

基于投资银行业务的企业财务表现

一旦所有相关预测都能由机器做出,那么就可以通过 API 将企业与监管机构和交易所连接起来进行自动填报。图 4-1 展示了发行人、投资银行、投资者/所有者和监管机构/交易所是如何工作和协调的。

在图 4-1 中,发行人是指与注册和出售证券相关的法律实体。发行人出售证券是为了给实体的运营融资。发行人必须要做的任务包括编制财务报表和评估财务需求。投资银行通过为发行人完成各种任务来促进上市和审批。

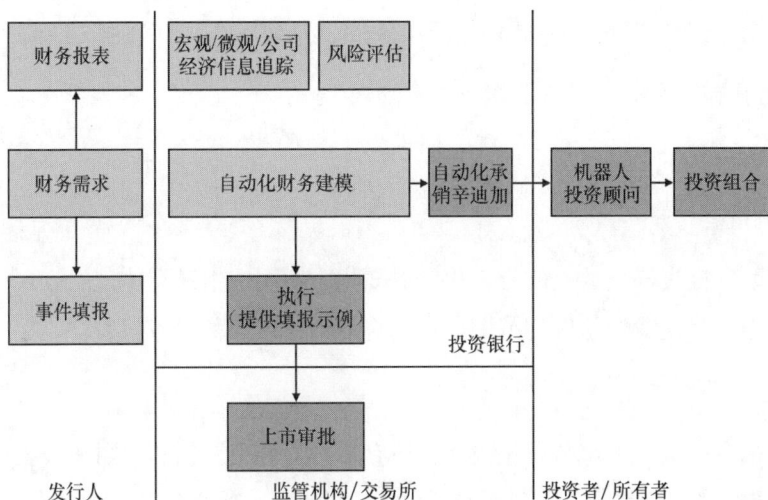

图 4-1

4.2 财务领域的基本概念

本节将介绍财务领域的基本概念。我们将先从"财务报表是如何形成的"这点开始。我们还将了解如何优化资本结构的理论。

4.2.1 财务报表

财务报表是用于体现公司财务状况是否健康的报告。财务报表是上市公司年报的一部分，是了解公司财务状况的基础。

投资银行将会根据财务报表提供的结果来给投资者推荐金融产品，而投资者则通过参考财务报表来进行投资决策。关于财务报表，主要有两种类型。

- 资产负债表：该表是关于总体净资产的。它详细列出了总投资（资产）、所欠债务（例如抵押贷款、负债等），以及投资减去债务后的净值，即净资产（权益）。

- 利润表（又称盈亏表、损益表）：该类型的财务报表展示了财务状况年度的动态，就像每月收入和支出报表一样。

除了以上主要类型之外，还有以下类型的财务报表。

- 所有者权益变动表（又称股东权益变动表）。

- 综合收益表。

- 现金流量表[①]。

以上 3 种财务报表描述的是所有者权益的变化、利润表中没有体现的收入，以及现金的变动。但是，为了简化我们示例的范围，我们将不讨论这 3 种财务报表。

实时财务报表

除了每年提交一次的上市公司年报外，还有每天都会更新的实时财务报表。实时财务报表是指，每一笔交易都会被作为会计系统的输入，同时每一笔交易都会被归类到一个科目中，而这个科目又将被归入这些报表的一两个，在一天结束时，每个科目将被归类到一个科目分录。

通过第 2 章介绍的对时间序列数据的分析，我们可以清楚地看到长期预测的局限性。因此，为了产生一个准确的预测，我们的做法转向了经常更新的短期预测。这里假设我们是企业内部的员工，完全有权限和能力根据每天流经系统的交易数据来生成每日财务报表。对于那些不了解会计系统和财务报表的读者来说，表 4-1 展示了会计系统是如何被归类成资产负债表和利润表的。

表 4-1

科目	资产	股权	负债	利润
股本	Yes	Yes		
营运资金	Yes	Yes		Yes
资本支出	Yes	Yes		Yes
债务	Yes		Yes	
银行贷款	Yes		Yes	

股本是指我们为一家公司的诞生所投入的资本（资本是指用于投资以得到利润的本金）。

---

① 译者注：也有很多人把现金流量表认为是财务报表主要类型之一。

股本就像我们出生时从父母那里得到的资源一样。它属于一家公司的股权，自然也是公司所拥有的资产的一部分。股东是向公司出资的人，因此他们是公司的所有者。公司应该派发股息（可以是现金，也可以是公司股票）来回报投资者，大多是每年一次。基于股东在公司中所拥有的本金，在公司偿还欠别人的钱（负债）之后，股东将拥有公司剩下的一切。

营运资金（又称运营资金、营运资本）和资本支出（又称资本性支出）就如同我们维持家庭运转所必需的日常开支，例如食品、杂货和水电煤气开支等。想象一下，资本支出是一次大的房屋维修，使你的房子看起来更好，从而带来更高的市场价值，或者是你买了一辆新车去做网约车司机（对于人工智能研究人员来说，购买一台 GPU 可能就是一项资本支出）。对于企业来说，资本支出主要包括购置资产和设备。

债务和银行贷款是指借来的钱和资产。当我们借入资金时，它们通常会以现金的形式入账，但我们会立即将这些现金用于支出。债权持有人和贷款人是向公司提供债务资金和银行贷款的人。公司要支付利息（现金）来回报贷款人/债权持有人，大多是每半年支付一次。债权利息也称为息票，借出的钱则叫本金。一般在每一段借贷关系中，都会有本金以及利息。

CFO 的目标是通过不同种类的资本或资金来满足公司的需求。CFO 需要保持初心，问自己当初为什么会有这么一家公司？它应该要做些什么？

根据组织理论之父马克斯·韦伯（Max Weber）的观点，公司应该通过组织公司内部的资源来高效地提供经济价值。所以，作为一名 CFO，意味着要组织财务资源来支持公司主要经济活动的开展，例如为杜克能源公司生产能源、组织商品将其送达超市的最终客户手中等。

4.2.2 优化公司最佳资本结构的理论

最佳的资本结构应该以最适合公司业务的风险偏好，通过渠道融资来为公司的发展提供资金，同时使投资者的投资价值最大化。例如，当公司处于发展阶段，未来还不确定的时候，最好使用黏性大的资本，也就是股权来融资。当公司稳定之后，则使用稳定的资金为其配资，也就是债权，这是非常常见的。

1. CFO 需要做什么决策？

对于长期战略，CFO 要做的决策是为公司确定融资所需的股权和债权的正确组合。在股权方面，CFO 需要考虑发行多少股票来引入投资者，以及提供多少分红（定期给投资者的回报）。在债权方面，CFO 需要考虑要有多少负债、什么类型、哪种货币、利率，以及需要多长时间来偿还。

2．关于资本结构的财务理论

这方面有一本很好的书，阿斯沃思·达摩达兰（Aswath Damodaran）的《应用公司财务》。

一方面，公司确定了一个项目要把资金投进去（投资决策）；另一方面，公司要安排好这个项目背后的资金（融资决策）。

CFO 要做的不是要确定投资什么项目，而是要确定如何融资来做成这个项目。

根据布拉德利（Bradley）、贾雷尔（Jarrel）和金（Kim）在 "On the Existence of an Optimal Capital Structure: Theory and Evidence" 一文中的观点，在股权和负债之间是存在一个最佳资本组合的，这个最佳资本组合能够产生最低的总体融资成本。达摩达兰的书总结了很多因素、方法和知识，但由于篇幅所限，在这里让我们只专注于如何让人工智能来帮助 CFO 得出可量化和可测量的最佳资本结构方面的知识。

作为数据科学家，我们对股权和债权这两种选择的成本和收益感兴趣，这些将能够帮助我们找到这两种选择组合中的最佳点。让我们来看看，如表 4-2 所示。

表 4-2

拉投资者入股的原因	借债的原因
1．如果还没有赚到利润，则没有支付股息的义务。对于现金流可见性不明朗的投资，如在技术方面的投资，这具有更大的灵活性。 2．仅增加股本并不会增加财务成本，成本大约等于我们要支付的股息。但是，增加债务则会增加公司破产的概率，因为公司有更多的义务要去偿还利息或本金。 3．在财务比例的某些具体内容上有更大的灵活性。例如，一些债权借款人会要求公司的某些财务比例要在特定的范围内	1．支付给贷款人的利息是被计为支出的，所以不需要交税，而如果作为股息支付给股权持有者，则不会被计为支出，因此这是要缴纳所得税的。 2．现有股东可以保留对公司的控制权，其所有权不会受到任何"稀释"

- 表 4-2 中的左侧第 1 点中关于产生高于融资成本的收益的项目确定性可以通过收益的方差来近似计算。

- 左侧第 2 点和第 3 点可以编成一个公式：对于第 2 点，公式的核心是债务（又称为杠杆）在增加破产概率中所占的百分比（与之相关的信贷风险模型在第 3 章已经解释过）；对于第 3 点，公式的核心就是一个比例，即公司的税率。

- 右侧第 1 点和第 2 点可以通过设置一个固定的阈值来实施，该阈值限制了公司可以筹集的最大股权数额。对于一个家族式公司来说，除非家族发生变化（如创始人去世），否则很少会发生股权变更。

4.2.3　测量项目价值的全要素生产率

关于预测，当通过使用时间序列分析来自动化客户采购并试图了解如何预测每个月的需求时，这实质上就是我们在第 2 章中提出的问题。对于长期预测，我们可以使用 ARIMA 模型来进行预测。然而，当涉及预测一个组织内的项目是否成功时，并没有一个明确的模型，因为这需要明确团队成员的数据、项目的执行情况以及项目的类型和输出，而这些本身就是管理学中一门单独的研究学科的一部分。

我们有 3 种方法可以做到这一点。

- 从市场的角度来看，我们可以假设一个项目通常会产生资本市场回报。如果该项目完全没有风险，则其资本市场回报下限应该接近于无风险回报率。当然，风险越高的项目回报应该会越高。

- 如果项目与过去的项目相似，项目的预期收益值应该为项目投资预期收益的现值。它应该等于公司的股权收益率。

- 如果一定要有一个模型，可以借鉴宏观经济学的文献，通过全要素生产率公式来测量生产率［关于全要素生产率公式，不同的经济学派有不同的公式，本书采用的公式来自美国斯坦福大学商学院查尔斯·I. 琼斯（Charles I. Jones）教授的 *Macroeconomics* 一书，读者可以根据自身实际情况做调整］。

$$Y = A \times K^{alpha} \times L^{beta}$$

在这里，Y 表示经济增长率，A 表示技术效率（即物力），K 表示投入的资本（即财力），L 表示劳动力（即人力）。资本在融资、购买、采购方面的消耗用 alpha 表示。企业等组织对劳动力的加成用 beta 表示。现在我们来理解这个公式：经济增长率＝物力、财力、人力以及各种损耗和加成等因素组合起来的成果。接下来，我们详细介绍相关内容。

- （技术效率——物力）A：技术效率是指对机器每花费 1 美元的全部处理能力所带来的理想经济价值。

- （资本——财力）K：在技术和劳动力方面投入的资本金额。

- （资本消耗效率——损耗）alpha：中间人在该过程中花费在无购买利润上的实际经济价值（通俗地讲，就是中间商所赚取的差价）。

- （劳动力——人力）L：劳动力是指每投入一个人所带来的理想经济价值。

- （企业等组织对劳动力的加成）beta：成功的项目交付是与成员个人的能力以及他们在组织中扮演的角色直接相关的。企业以及其他各种组织（如球队）的价值之一就是通过整合劳动力来实现 1+1>2（即实现了对劳动力的加成）。在这一点上，值得高兴的是，我们从越来越多的体育比赛结果预测中可以看出，人工智能真的可以基本预测出每场比赛的成功概率。

宏观经济模型实际上是许多微观层面行为聚合在一起的行为。这点引出了宏观经济学的一个前沿领域，数据科学家可以从宏观经济学模型中汲取见解应用于单个公司，或者通过汇总微观行为来得出宏观经济行为。

如果我们要交付一个能够预测公司每个项目价值的模型，那么我们通常会从其他学科中寻找见解，我们可以引入这些见解来交叉研究，然后使用预测模型进行量化。通过技术、投资额和劳动力这些特征进行研究，可能是研究宏观经济学的一个好起点。

我们这么做就可以预测一个项目的经济价值了，因为这本身就是一个机器学习模型。这一领域将是金融业中下一个可以产生价值的前沿领域，虽然因为本章的重点是讨论高级财务决策，所以我们不会在这里详细介绍它，但是建议感兴趣的读者可以研究一下它。

4.2.4　一个项目的现金流模式

除了项目的生产力/经济价值外，我们还需要了解这个项目确切的现金流支付或收入详情。解决这个问题的方法是从一个集中的可信存储库中跟踪项目的所有事件。但是，如果既要让所有相关方都能够共享同一个项目的信息，又不能让一个中心化的存储库成为被攻击的目标，那么我们就需要一个完全去中心化的地方去存储这些信息——这就是区块链的原理。

最佳的现金流模式预测是在发生现金流活动时触发：或者是由更新进度触发的项目状态变化，或者是根据付款条件确认销售协议，或者是确认仓库收货等。

实际上，在当今世界，因为大多数相关步骤所涉及的数据仍然需要人工输入，所以只能由相关人员提供前瞻性的现金流预测而不是由机器提供。当然，如果所有相关步骤都变得自动化，由机器处理，并将其写入结构化数据库，那么就可以使用机器来可靠地预测未来的现金流。

即使我们把"球"扔给人类，由人类来输入数据，在财务领域，我们也会要求人类提供3 种情况的预测——最佳、现实、悲观的预测，每种情况发生的概率各不相同。预期的预测将是这 3 种情况的预测结果。然而，考虑到潜在的机器可能会做出极端预测，最好是让人类做出"现实"的预测，即在短期内确定发生此类现金流事件的可能性。

我们上面讨论的是大额款项的支付。而对于金额较小和次数较多的支付，我们有以下两种方法。

- 定期现金流。

- 不定期/事件触发的现金流。

定期现金流是基于业务规则的，例如，每周五都会发工资（国外很多企业实行周薪制和双周薪制）。但是为了预测下周工资的现金流，我们需要得到人力资源数据库的支持以及每个员工的工资数据。

对于日常业务来说，定期现金流则是基于采购费用和销售收入的，在这里我们就可以依靠在第 3 章中介绍的模型了。一旦我们预测出需求量（销售额），我们就可以可靠地估计出所需的采购量以及相应的延迟付款实际时间（我们知道企业采购商会延迟向供应商付款以获取资金的流动性）。关于这一点，这里有几点要补充。

- 在财务方面，销售增长所需的营运资金比例可以通过尼尔·C. 丘吉尔（Neil C. Churchill）和约翰·马林斯（John Mullins）在 "How Fast Can Your Company Afford to Grow" 一文中提到的公式计算得出。

- 延迟付款对于供应链来说可能不是最优选择。因为我们知道，这种延迟付款会导致为了给商品生产提供资金，进一步增加上游企业对短期融资的压力和需求。而风险较高/规模较小的供应商需要以较高的利率去获得融资，如果上游企业的规模较小，这实际上会给供应链带来更高的整体生产成本。

不定期/事件触发的现金流通常是由其他方或外部事件触发的。因此我们需要改进与客户或供应商的数据交换以便更容易获得这方面的数据。

4.2.5 预测财务报表条目

在本小节中，我们将讨论如何预测财务报表条目。让我们一起来看看以下几点。

- 销售额：如果你是一个接受过财务培训的专业人员，那么你应该知道，最大的驱动因素——销售额，必须是根据公司提供的商品和服务的需求来预测的。以杜克能源公司为例，预测电力市场的销售额基本上就是关注各个领域的市场增长，例如工业用电、商业用电和生活用电。根据市场信息去预测是预测销售额的较好方式。

在工业用电和商业用电市场中（B2B），可靠的预测应该是着眼于客户的预测，因为业务实体最终必须要创建一些商品和服务以供最终客户消费。因此对于工业用电和商业用电市场，我们可以从看看加利福尼亚州的主要工业活动及其潜在的用电量开始。然后，我们再"往前走一步"，去观察这些企业的生产内容。

而对于生活用电（又称"家庭用电"）市场来说，家庭的用电量则要看家庭收入、人口、私家电动车等，重要的是要看未来几年的天气（不管是厄尔尼诺还是其他天气预报，这都是重要的方面）。尽管我们可以利用宏观经济数据（以及其他预测，如天气预报等）来预测我们的销售情况，但不一定能找到财务报表中每个财务条目的预测指标。在这里，我们可以利用已知/可预测的条目来预测剩余其他条目，这么做是有经济和统计意义的。

- 商品的销售成本：销售成本是与销售额相关的，可以根据销售额预测销售成本。作为CFO，我们可以获得每月企业内部成本和销售数据，然后构建一个模型，根据销售额来预测销售成本。或者，我们可以用需求数量来预测采购数量。以杜克能源为例，单位成本主要来自大宗商品市场。鉴于我们已经确定了关于何时采购的目标采购策略，而全球市场对单位成本的驱动又是由资本市场来驱动的，那么我们可以从市场获得前瞻性定价（商品交易所亨利枢纽对未来 12 个月的定价）。

对于实体商品行业的公司来说，如果没有将任何固定资产成本（如设备、机械等）分摊到单个商品上,则在根据销售额来预测销售成本的时候,二者的比例应接近 1：1,不需要考虑任何额外的因素。一个典型的例子就是时装行业,预测的商品销售成本应该与获取到的销售额保持基本一致。而如果需要将固定资产成本分摊到单个商品上,则在预测销售成本的时候需要考虑这一因素。因此,固定资产(术语为"资本支出")占比越高、人力成本占比越低的行业(又称"固定资产密集型行业"),商品销售成本与销售额的比例就越低于 1：1。固定资产占比越低、人力成本占比越高的行业(又称"人力密集型行业"),商品销售成本与销售额的比例就越接近 1：1。

为了说明这一点,让我们对各行业的商品销售成本与销售额比例进行分析,如表 4-3 所示。

表 4-3

行业	商品销售成本与销售额的比例
联邦特许储蓄机构	0.00%
石油和天然气现场服务	16.88%
护理服务和个人护理设施	27.38%
化工及相关产品	34.43%
工业电气设备	58.23%
水泥液压	79.22%
批发珠宝首饰、手表、宝石及贵重金属制品	99.98%

- 运营费用：包括销售成本、综合开销及行政管理费用。根据会计准则和公司惯例,一些公司并没有将折旧和摊销单独列出,这导致销售成本与销售活动没有构成线性关系。

4.3 人工智能建模思想

在第 3 章中,我们学习了深度学习、神经网络、决策树和强化学习。本节我们将学习两种重要的人工智能建模思想,即线性优化和线性回归模型。

无论是线性优化还是线性回归,都提到了"线性"这个词。"线性"这个词在人工智能世界中也是很常见的。本书作为一本入门图书,目标是让大家迈开第一步,进入人工智能世界,实现从 0 到 1 的突破，因此并不打算沿用那些深奥难懂的专业解释来讲述"线性"这个词。

大家可以先回想一下过去学过的 sin/cos/tan 等函数所画出的曲线图案，这些曲线图案就是非直线，也就是非线性的。那么在这之前所学的能画出直线图案的数学方法就是加、减、乘、除。当我们遇到一个人工智能建模技术的时候，可以先看看它的公式，如果是由加、减、乘、除组成的，并且没有 sin/cos/tan 等函数参与的，那么就是线性的。

现在就让我们检验一下这个方法！我们先把本章所列出的所有计算公式都过一遍，这时你会发现本章的计算公式都是由加、减、乘、除组成的，并没有 sin/cos/tan 等函数参与。所以是线性的，适合使用线性优化和线性回归。

当然，和第 2 章提到的"枚举值"和"非枚举值"一样，等你慢慢熟悉了这些术语，就要逐步在实际工作中记住严谨的数学解释，习惯用专业术语去交流。

4.3.1　线性优化

线性优化指的是目标函数和约束条件都是线性的优化问题。线性优化经常用在供应链业务中，其通过在考虑一些约束的同时更改一些变量来实现优化目标（最大化利润或最小化成本）。线性优化并不是一个机器学习模型，因为我们不需要训练机器来学习与线性优化相关的任何模式。

4.3.2　线性回归

线性回归模型就是通常所说的回归模型，它所做的就是找出影响结果的相关因素与结果之间的因果关系。在统计学中，相关因素叫作自变量，结果叫作因变量。在学习人工智能的过程中，我们会很频繁地遇见这两个术语，必须要理解和记住这两个术语。

我们先通过以下方法快速记住这两个术语的英文单词和简称。

- 自变量：又称独立变量（Independent Variable，IV），因为我们假设这些因素都是与其他因素无关的，即独立于其他因素的（这就是英文中 Independent 即"独立"一词的由来）。

- 因变量：依赖变量（Dependent Variable，DV），其结果是依赖于自变量的（这就是英文中 Dependent 即"依赖"一词的由来）。

通过以下方法，我们可以快速记住这两个术语的中文叫法。

- 自变量：其自身变化不依赖其他变量的变量。

- 因变量：其本身的变化是因为其他变量的变化导致的。

在机器学习里自变量（IV）就是特征，因变量（DV）就是分类标签或者目标值（又称目标变量，即 target variable 或 target）。

4.4　寻找最佳资本结构

现在，我们可以开始分析我们应该要在资本市场中筹集多少股权和债务资本，以支持新项目和新业务或者替换现有破旧或过时的机器等方面的资金需求和供应。

最佳资本结构是指不仅能够提供尽可能低的资金成本，而且能够提供在公司内部产生价值所需资本的资本结构。

我们对最佳资本结构的预测是有时间限制的，也就是说，它是指给定某一时期（如明年）的最佳组合。当然我们可以将其从预测明年扩展到预测未来 5 年。用来预测经营业绩的公式如下。

$$经营业绩=收入增长 \times 所需固定资本/销售额$$

实现步骤

在本小节中，我们将学习如何实现一个机器学习模型，该模型可以用于找到最佳资本结构，以提供尽可能低的资金成本。

1. 下载数据并将其加载到模型中

在我们的例子中，我们将从外部金融数据提供商 Quandl 处下载数据。本例中的数据是季度数据。想象一下,我们是一家公司的 CFO,我们可以获得实时的每日预测,以定期更新我们的资金策略(如每周、每月、每季度的资金策略)。实现步骤如下。

(1)在这里,我们将使用股票代码(代码中的 ticker 参数)作为表示公司的唯一标识符。使用以下代码导入所需的库依赖项。

```
import quandl
import pickle
import numpy as np
import math
import pandas as pd
from sklearn import linear_model
import matplotlib.pyplot as plt
import seaborn as sns
```

(2)定义 API 密钥和公司的股票代码。

```
tkr = 'DUK'
quandl.ApiConfig.api_key = '[API key from Quandl]'
```

(3)下载纽约证券交易所指数值和指定股票代码的数据。

```
'''****************************************
## Retrieve data for 2A.
'''
econ = quandl.get("FRED/TEDRATE", authtoken="[API Key from
Quandl]", start_date='2018-05-31', end_date='2018-07-31')
NYSE_index = quandl.get('WFE/INDEXES_NYSECOMPOSITE',
start_date='2013-05-31', end_date='2018-07-31')
```

(4)检索和下载指定公司两年的财务数据来进行预测。这些财务数据将会被输入信用模型。

```
'''****************************************
## Retrieve Data for the target ticker
'''
record_db = quandl.get_table('SHARADAR/SF1',
calendardate='2017-12-31', ticker=tkr,dimension='MRY')
record_db_t_1 = quandl.get_table('SHARADAR/SF1',
calendardate='2016-12-31', ticker=tkr,dimension='MRY')
```

(5)下载公司的财务历史数据,以便估算驱动因素之间的参数。

```
'''****************************************
## Download & Load Data for 2C.
'''
```

```
tkr = 'DUK'
quandl.ApiConfig.api_key = 'nzBtupqX5H65EG3sFusF'
record_db_t_2017Q1=quandl.get_table('SHARADAR/SF1',
calendardate='2017-3-31', ticker=tkr,dimension='MRQ')
...
df_all = pd.concat(list_all)
#fix the dataframes

#convert to float

#create new fields

#remove any record with na and 0 values to avoid division errors

#we take a proxy here, should use last period's numbers as
denominator not current period
```

2. 准备参数和模型

本部分将介绍计算以下参数。

- 利用资本资产定价模型（Capital Asset Pricing Model，CAPM）的 beta 系数来计算股本成本。

- 通过重用信用模型（逻辑回归模型）来计算债务成本。我们之所以使用这个模型，是因为它很简单，并且所需要的财务比例数量极少。

- 商品的销售成本。资本支出是通过将销售额增长和销售成本关联起来进行估算的。

有了以上这些参数，就可以估算出财务模型的主要变动部分，即如下部分。

- 计算股权成本的公式：基于在配套代码 1A 处获得的数据，从 CAPM 中找出无风险收益率和 beta 系数来作为回归公式的截距和系数，即股票收益=无风险收益率+beta×市场收益率。

- 计算债务成本的公式：通过计算财务比例来计算债务成本。我们所使用的模型是根据第 3 章计算出的 5 年违约率来计算的。在现实生活中，债权的评级是由评级机构（如穆迪公司或标准普尔公司）进行的，而银行贷款的评级则是由各家银行内部的信用风险模型进行的，例如我们现在介绍使用的这个模型。

- 计算驱动因素，以了解销售额是如何直接或间接通过商品的销售成本来影响利润/营运资金中的其他条目的。

- 我们假设销售成本（或销售费用）是由销售活动所驱动的，而运营费用是由销售成本所驱动的。我们假设这种关系是线性的，并且可以通过回归模型计算。

- 在我们的例子中，运营费用为零，因此我们没有对其进行计算。

- 我们还曾试图找出营运资金与应收账款、库存和应付账款之间的关系，但是我们不会使用这种关系，我们将采用另一种方法——通过每笔销售所需的现金总额，来找出日常经营中支持销售所需的现金/营运资金。

3. 预测

预测收入增长、影响利润表的所需股本和债务资本。大多数预测逻辑都嵌入了配套源代码的 cal_F_WACC() 函数。优化结果是通过尝试在公司资本结构中的债务百分比范围内获得最小的加权平均资本成本（Weighted Average Cost of Capital，WACC）而得出的。遗憾的是，我们尝试过这种方法，但是发现在没有实现线性优化算法的情况下的代码实现并不简单，这提高了程序的复杂性，即使这样做在计算上效率更高。

这一步的源代码是将"准备参数和模型"中所提到的所有阶段都整合在一起的。源代码中所用到的公式都是基于本章配套源代码的 FinancialProjection.xlsx 这一个 Excel 文件中的依赖项所构建的。序列主要从销售额开始，然后找出资本结构，接着回到利润表。

计算出加权平均资本成本。然后，将其与预设条件进行比较，例如信用风险变化不能超过一定的阈值。

以下是预测中所使用的核算公式。

- 预测销售额 = 现有销售额×(1 + 销售额增长率)。

- 净收入则是根据销售额来计算的：净收入= 销售额–商品销售成本–销售成本、综合开销及行政管理费用–营运费用–净利息支出–税务支出。

- 商品销售成本 = 销售额×销售成本比。

- 综合开销及行政管理费用 = 销售额×综合开销及行政管理费用与销售额比例。

- 营运费用=销售额×营运费用与销售额的比例。

- 净利息支出 = 债务×利息支出百分比。

- 股权和债务之和等于我们所需的资本：股权+债务≥现有物业、厂房和设备（Property Plant and Equipment，PPE）+所需的新 PPE +所需的营运资金+存货。

- 股权=现有股权+新产生的股权资本。

- 债务=现有债务+新产生的净债务资本。

- 所需新资本=所需新股本+所需新债务资本。

- 产生的新净股本 = 新股本筹集−分红+收益中的新股本。

- 收益产生的新股本 = 净收入。

- 新增债务资本净额=新增债务资本募集额−债务偿还额。

- 债务偿还额=以前的债务偿还额。

- 所需 PPE 总额=现有 PPE（扣除折旧后的净额）−下期折旧+所需的新 PPE。

- 销售额/所需 PPE 总额 = 销售额与 PPE 的比例。

- 所需营运资金=每笔销售额所需营运资金×销售额。

- 每笔销售额所需营运资金 = 商品销售成本/销售额×现金流周期（以天数为单位）/营运现金周期（以天数为单位）+营运费用/销售额×1/2。

以下是这方面的代码。

```
'''****************************************
3. Projection
'''
print('optimization...')
#simulations
record_db_f = record_db

#Projection
...

def cal_F_WACC(record_db_f, logreg, logreg_sc,
new_debt_pct,price_offering,levered_beta,sales_growth,coefs,r_free):
...
for new_debt_pct in debt_pct_range:
```

```
for price_offering in price_offering_range:
  ...
  F_WACC, F_default_risk,conditions =
cal_F_WACC(record_db_f,logreg,logreg_sc, new_debt_pct,
price_offering,levered_beta,sales_growth,coefs,r_free)
  '''*****************************************
  4. Calculate WACC
  '''
  #update WACC
  obj = F_WACC < optimal_WACC and
F_default_risk/default_risk_existing-1<=0.75
  ...
```

4. 计算加权平均资本成本

计算加权平均资本成本这一步是通过以下几点来实现的。

（1）理想的资本结构是通过最低的资本成本，以债权和股权的组合来获得回报的。

（2）股权成本是通过资本资产定价模型来定义的。

（3）债权成本是通过信用风险成本加上无风险回报率成本来定义的。信用风险成本是通过我们在第 3 章建立的信用模型来计算的。

（4）尽量减少以下条目的值。

- 加权平均资本成本。

- 债权成本。

- 信用风险成本。

- 股权成本。

- 无杠杆 beta 系数。

- 有杠杆 beta 系数。

5. 优化中使用的约束条件

让我们看看资本需求和供给的约束条件。

（1）对债权和股权组合的约束：现有债券持有人不希望改变评级，因此信用风险的变化幅度不能超过 75%。

（2）已经被考虑但是还未执行的约束：这些约束没有被执行，是因为如果执行会循环引用损益条目，这些条目应该是固定的。通常情况下，这些都是现有股东施加的约束。

- 现有股东不希望因为股份多了而导致每股收益下降。

- 现有股东不希望通过大幅增加股本来为同一家公司注入额外的股本。

以下代码片段演示了如何计算关于股权发行的约束。

```
#equity offering constraints --- not bounding
price_offering = record_db_f['price'][0]
unit_offering = int(F_new_equity / price_offering)
F_eps = F_earnings / (unit_offering+record_db_f['shareswa'][0])
equity_growth = F_equity / record_db_f['equity'][0]-1
eps_growth = abs(F_eps/
(record_db_f['netinc'][0]/record_db_f['shareswa'][0])-1)
c_eq_1 = equity_growth <= 0.1
c_eq_2 = eps_growth <= 0.3
```

恭喜你！现在我们已经通过优化找到了公司的最佳资本结构啦。

4.5　使用宏观经济场景来提供财务表现预测

CFO 的主要工作之一就是提供财务表现预测。那么，人工智能将如何改变这项工作呢？我们将在我们所知道的财务知识和会计准则的基础上，帮助你对各个财务报表条目进行财务预测，并加入我们这个时代的预测能力来改进它。

作为上市公司的 CFO，其中一个重要工作就是为管理层和分析师提供具有前瞻性的财务指导。本例中虚构的数据是由作者亲手制作的。作者尽力将这些数据模仿成会计制度的样子。

在本节中，我们将研究如何预测公司的财务表现。

实现步骤

我们将学习如何使用宏观经济场景来提供财务表现预测。实现步骤如下。

（1）导入所需的库依赖项，导入天气预报数据并将之转成 CSV 文件格式。

```
from pyquery import PyQuery
import pandas as pd
import quandl
import matplotlib.pyplot as plt
from sklearn import linear_model
from sklearn.metrics import r2_score
...
```

（2）从 Quandl 下载财务历史数据。

```
cal_LIND = quandl.get("FRED/CASLIND",
authtoken="nzBtupqX5H65EG3sFusF")
cal_ele =
quandl.get(["EIA/ELEC_SALES_CA_RES_M","EIA/ELEC_SALES_CA_IND_M"],
authtoken="nzBtupqX5H65EG3sFusF")
```

（3）计算得出财务表现所需的各种参数。

```
#update the index date to begin of month (in fact all index should
be referring to end of month)
cal_ele['mth_begin'] = cal_ele.index
#change the column to begin of month
...

reg_retail = linear_model.LinearRegression()
reg_retail.fit(df_marco[[' MeanAvgTemperature']], \
               df_marco['EIA/ELEC_SALES_CA_RES_M - Value'])
reg_retail.coef_
reg_retail_pred = \
            reg_retail.predict(df_marco[['MeanAvgTemperature']])
error_retail = r2_score(df_marco['EIA/ELEC_SALES_CA_RES_M - \
                                  Value'], reg_retail_pred)

reg_ind = linear_model.LinearRegression()
reg_ind.fit(df_marco[[' MeanAvgTemperature']], \
            df_marco['EIA/ELEC_SALES_CA_IND_M - Value'])
reg_ind.coef_
reg_ind_pred = reg_ind.predict(df_marco[['MeanAvgTemperature']])
error_ind = r2_score(df_marco['EIA/ELEC_SALES_CA_IND_M - \
                              Value'], reg_ind_pred)
...
```

恭喜你！你已经利用由气象专家所做出的可靠预测的宏观因素（天气预报）来生成销售

额预测啦。

4.6　本章小结

在本章中，我们介绍了投资银行业务和财务领域的一些基本概念。我们学习了两种重要的建模技术，即线性优化和线性回归。我们还学习了两个帮助实现资本市场决策自动化的示例——寻找最佳资本结构和使用宏观经济场景来提供财务表现预测。我们还研究了投资银行业务和财务报表的未来和影响。

然后，我们探讨了财务预测和财务模型的内部原理。我们之所以能够做到这一点，是因为财务状况可以通过实时财务 IT 系统快速更新。通过利用日常财务状况丰富的数据，我们有很多数据点来对公司完整的财务状况进行可靠的预测。

作为公司的战略思考者，作为 CFO，也应研究如何依靠外部数据（例如来自天气预报服务的数据）来弥补依赖内部财务数据在财务预测方面的不足之处。在示例中，我们利用了一家名为 Quandl 的外部数据提供商，将同行业的所有财务数据融合在一起。在实际工作中，这种技术应该替换成内部头寸快照。但本质上，其关键点在于将人工智能与财务建模融合在一起。

正如你所看到的那样，未来的财务报表可能会更深入地发展，而不仅是报告财务状态。CFO 可能会被要求在不损害商业机密的前提下，披露项目的情况和计划，以提高透明度、保障投资者的利益。这种披露形式目前在年报中也有，但还未以量化的形式出现。未来的 CFO 们必须为这种新潮的报表理念做好准备，因为组织内部发生的事情才是影响资本回报的因素。

在第 5 章中，我们将继续学习新的机器学习技术，以帮助我们解决复杂的金融问题。我们还将了解一个被称为并购的核心业务概念，并将了解数据技术（例如 SQL）的基本概念，以及学习一种被称为聚类模型的机器学习建模技术。

05

第 5 章

预测投资
银行（券商）业务

在第 4 章中，我们学习了财务和资本市场的基本概念，以及人工智能如何通过运行风险模型和利用宏观经济数据生成销售预测来帮助我们优化最佳资本结构。我们还了解了人工智能在组织内部财务规划和在与外部投资者沟通时是多么有用。然后我们还看了两个例子，第一个有关如何优化债权和股权的融资组合，第二个有关财务表现预测，这可以帮助我们在财务上规划资本需求。

本章的目的是介绍可用于财务规划的其他技术。你将学习如何为新发行证券进行自动化承销辛迪加来融资，以便从感兴趣的投资者那里获得资金。然后，你将学习如何识别收购者和目标公司，这个过程需要通过科学的背景，才能挑选出最需要银行服务的对象。

在本章中，我们将介绍以下主题。

- 投资银行（券商）业务基础知识。

- 了解数据技术。

- 聚类模型。

- 新发行证券的自动辛迪加融资。

- 识别收购者和目标公司。

让我们开始吧！

5.1　投资银行（券商）业务基础知识

投资银行（券商）业务将是本章的重点。因此，你需要了解一些关于投资银行（券商）业务的基本概念。我们将从了解首次公开发行（Initial Public Offering，IPO）的挑战开始。当一家公司为了从公众那里获得资金而决定进入股市时，其就会进行 IPO 以供公众和机构认购股票。我们还将了解并购的概念，以及如何对投资者进行分类，并将人工智能应用于并购。

5.1.1　投资银行在 IPO 中的工作

以下是投资银行要处理的一些核心问题。

- 定价：新发行证券的价格为多少才合适？

- 承销辛迪加：我们应该要把股票分配给谁，以什么价格分配？

- 上市：我们如何才能在市场上（如证券交易所）登记这些股票，使其满足（证券交易所的）所有要求，成为市场上的可投资证券？

现在让我们逐一来回答这些问题。

关于第 1 个问题，在第 4 章中，我们简要地说明了如何正确建模公司的资本结构，包括预测公司的财务状况。这一问题的核心仍然是，当给出一些与公司相关的、重要的宏观指标时，如何估算相关驱动因素和其中的关系。

关于第 2 个问题，如果我们能够了解到市场的投资偏好，那将大有作为。我们将通过本章的第 1 个例子解决这个问题。

关于第 3 个问题，主要有关公司所有权的合法性和法律地位，以及其风险因素的报告和备案信息。当本次发行有机器人参与执行时，将会有来自监管机构/证券交易所的不同要求。

- 监管机构/证券交易所方面会有一个机器人来验证申报公司的诉求。这里的机器人指的是一个智能软件程序，它可以执行特定的任务，类似于我们在第 4 章中讨论的上市公司的 CFO 使用它来做销售额预测。在前文的例子中，影响电力公司销售额的重要因素是天气，天气预测将对电力销售额具有高度的预测能力。

- 除了与销售额相关的因素之外，风险因素还包括能够影响到财务报表中主要财务条目的其他宏观经济变量。这些对公司战略敏感的因素将在第 7 章的第 2 个例子中介绍。我们之所以在这里提到它们，是因为它们也会影响到投资者方面，它们也是需要关注的重要内容。

5.1.2 股票分类——股票风格

对股票进行分类，有两种思想流派：一种基于定性特征，另一种基于定量特征。我们将把重点放在定性分析上，即股票风格。这类方法的一个例子就是晨星投资风格箱方法。

在这类方法中，我们可以基于板块/行业、股票的规模、股票的风险、股票的潜力等进行分析。创建特征和对股票进行分类的方法有很多。在本章中，我们将介绍使用行业和规模来作为定性分类的特征。

定量分析，例如套利定价理论（Arbitrage Pricing Theory，APT），则会将包含相似因素的股票归纳在一起进行分析。

5.1.3 投资者分类

和股票分类一样，投资者分类也有定量和定性方法。定性可以基于货币类型（养老金、主权财富、保险等）、策略（做空、做多）、所持有标的资产（期货、大宗商品、股票、债券和私募股权等）、风险度等。定量可以基于这些投资者所依据的近似因素。在本章的第 1 个例子中，我们将介绍使用风险度和收益率来作为定性分类的特征。

5.1.4 合并和收购

投资银行业务不仅包括上市证券，还包括合并和收购（简称"并购"）、财务意见（如公司估值）等咨询业务，以及其他事件驱动型融资业务（如管理层收购）。简而言之，这些业务都涉及买卖公司和/或公司资产并需对其进行正确定价。要想理解这一点，较简单的方法就是将自己想象成房地产经纪人、评估师和抵押贷款业务员等各个角色进行买房业务。并购就像两个人结婚一样：有时，一个人会占据更大的主导地位；而有时，这是两个平等实体的结合。

这背后的理论基础来源于罗纳德·科斯（Ronald Coase）在1937年发表的论文《企业的性质》，一家公司的存在是因为其运营效率高。随着技术、法规和消费者偏好的改变，公司的经济边界也随之发生变化，为了继续保持高效的运营效率，就需要并购。

本章我们主要讨论以下类型的交易。

- 收购（收购另一家公司）。

- 合并（两个或多个公司合并）。

- 剥离（出售自己）。

- 分拆（出售公司的一部分）等。

对并购进行分类的另一个维度是根据收购者和目标公司在交易之前的关系：如果两者都在同一个行业，则称为横向并购；如果两者处于供应商-客户关系中，则称为纵向并购；当两者都不相关时，则称为多元化。

作为投资银行，以下是需要关注的关键领域。

- 交易前的事项：确保收购者和目标公司承诺/愿意一起踏上探索交易之旅。

- 批准：监管机构或现有股东的批准。

- 交易后的事项：实现"1+1>2"。这不是因为作者数学不好，而是因为某些核心过程被更好地整合，从而带来了更好的结果。因此，当两个实体（公司）加在一起时，成本会降低，或者收入会更高。

一般来讲，并购交易可以概括为以下步骤。

（1）联系目标公司。

（2）交换文件和定价。

（3）进行尽职调查。

（4）成交。

（5）执行交易后的整合。

接下来，我们来看看人工智能在并购中的应用。

5.1.5　人工智能在并购中的应用

关于人工智能在并购中的应用，人工智能用于得出正确的目标，以及帮助量化交易后协同的定价。在现有的环境下，这两步都是非常"不靠谱"的，因为在现有的环境下，这没有太多的科学性。首先，银行家的服务时间是非常宝贵的，而任何前瞻性交易的"死亡率"都可能非常高（例如 90%）。同时，客户（买方/卖方）有动机最大限度地利用银行家的服务时间，即使最终没有达成任何交易。鉴于银行家的服务时间有限，而客户的目标又是最大限度地利用银行家的服务时间，而不管他们是否实际达成了交易，那么较好的方法就是先使用人工智能预测能够从并购交易中获得实际经济效益的概率，如果预测出较高概率，才让银行家参与进来。如果这点从根本上行得通，那么将有更高的紧迫性去公告并邀请投资银行进行交易执行/公告。

对应的建模方法实际上已经存在于我们在前文中提到的信用风险模型中。在前文介绍的信用风险模型中，我们根据给定的财务状况，来得出预测一个事件是否会发生的二元结果。在信用风险模型例子中事件是指 X 年内是否会发生破产；而对于并购，我们将根据给定的财务状况，来预测 X 年内的收购或撤资公告。如果可以这样估算破产概率，那么这些建模方法之间没有任何区别。

关于并购之后的效益，要么就是成本或效率有所改变，员工的知识传授组合得更好，从而带来更高的生产率；要么就是收入增长。

- 在成本或效率方面，我们可以很容易地对行业内的成本关系进行销售分析，从而可以量化地验证这是行业的实际情况，还是只是一些一厢情愿的想法，认为供应商会接受并购后的公司更低的付款。

- 在收入增长方面，这是一项海量数据交换的工作，只能通过正确的机器学习模型完成。例如，如果并购之后的效益是更好的市场准入（例如，买方是竞争对手 A，去购买同一行业的竞争对手 B），则竞争对手 A 的目标模型应该要在竞争对手 B 的客户数据库上运行，以得出可能会产生的收入。这种情况会发生在联合数据库营销项目中。例如，通过银行分销的保险（银行保险）。在银行保险中，保险公司将提供模型，然后在银行的客户数据库上运行。

- 对于与人力资源并购效益相关的专业知识，同样可以应用人力资源分析技术来测量和量化知识、技能水平和文化适应度，以及团队绩效。员工的硬性和软性能力应该要在并购的前期分析中进行测量、预测和模拟。

在这一点上，我认为任何现有的并购银行家一般都不会愿意为此做出太大的改变，因为考虑到目前客户和员工对数字化的认识有限，在这方面花费的时间将会相当长。因此意味着在这一点上无法提取特征和做出模型。但是我确实认为，我们应该要在这种未来的并购模式上下功夫，尤其是现在我们正在打造未来的并购模式，培养下一代。

与财务投资相比，并购在运营整合方面存在巨大的不确定性，而这正是人工智能应该提供价值的地方。我们要对并购能否成功的相关决定因素进行大量的研究，以实现预期的并购效益；需要收集和分析学术研究中的相关发现或特征，以得出一个可量化的成功可能性，并在计算发行价格时对其进行定价。

5.1.6　上市公司的申报义务

为确保公开上市证券市场中的投资者有一个公平的市场环境，交易所会要求对财务业绩发布、影响证券估值的重大公司活动等事件的发生情况进行公告。例如，你可以参考纽约证券交易所的 IPO 指南。

5.2　了解数据技术

我们将介绍通过本章中的示例来管理大量的数据。因此，了解我们将要使用的底层数据技术就变得至关重要了。这些数据技术与存储不同类型的数据有关。与数据存储相关的挑战涉及两个方面：一个是我们用来存储数据的物理介质，另一个是存储数据的格式。

当数据量很大，甚至大到无法在一台计算机上轻易存储、管理和使用时，我们就需要把数据物理地分布到不同的计算机上。Hadoop 就是这样一种解决方案，它允许存储数据的文件能够被物理地分布到不同的计算机上。这有助于我们处理例如存储、备份、恢复大量数据等各种问题。在我们的例子中，我们会将数据存储在一台计算机上，虽然这些数据的规模大小不能证明使用分布式存储这种技术的合理性，但是 NoSQL 数据库（即 Cassandra 和 MongoDB）是可以支持分布式存储这种存储选项的。在 Python 中，还有另一种叫 HDF5 的文件格式，它也支持分布式文件系统。

虽然可以使用 NoSQL 数据库，但在本章中不使用它的原因可以借助表 5-1 来解释，表 5-1 将 NoSQL 数据库的 SQLite 和 Cassandra、MongoDB 这两个 NoSQL 数据库并列比较。

表 5-1

	优点	缺点	结论
SQLite	结构化数据格式，兼容 DataFrame	无法存储非结构化数据	当我们不想搞得太复杂的时候，SQLite 适合我们，因此案例使用了 SQLite
Cassandra	可以在分布式计算中运行并且可以存储结构化数据（以字段作为条目的方式）	在处理结构化数据时，其语法不容易插入	案例的目标是通过聚集相似的投资者来预测谁会在 IPO 中购买我们的新股，在这个案例中并不需要 Cassandra 和 MongoDB 的优点
MongoDB	可以处理大量的数据以及大规模并行处理不同的记录	不适用于完全结构化的数据，例如交易记录；在运行任何机器学习算法之前，仍然需要将其转换成 DataFrame	

通过以上分析，我们可以看到，可能没有必要为了追求新技术而使用 NoSQL 数据库。就资本市场而言，数据的结构化程度是相当高的，使用符合这一目的的 SQL 数据库可能会更高效。

5.3 聚类模型

在开始研究编程内容之前，让我们先看看聚类模型，因为我们将在第一个示例中使用聚类模型。

聚类模型试图将相似的数据点分组在一起。举个简单的例子，当有 3 个数据点时，每一个数据点分别有一列，即[1]、[2]、[6]，我们选取一个数据点作为代表附近数据点的质心。例如，有两个质心，[1.5]和[5]，每一个代表一个簇：一个簇带有数据点[1]、[2]，另一个簇带有数据点[6]。可以从图 5-1 中看到这些簇。

图 5-1

当数据点要划分到两个簇中时，我们需要通过实际数据点与质心之间的距离来决定将这个数据点具体划分到哪一个簇中。对于这个距离，我们采用了一种叫欧几里得距离的测量方法。

在金融业中采用聚类模型的主要挑战之一是会导致簇过大，如果所有簇都是目标簇，则会降低真阳性率。根据经验可知，可将其用于初步数据分析，以了解目标人群的主要动态，而不一定要得出在投资银行业务环境下具有经济意义的可操作见解。在我们的例子中，我们将创建大量的簇，要求每个数据点到质心的距离平均偏差为 5%。

> 关于聚类模型的另一个关键问题是要确定我们向它提供多少特征。我们可能会过多地使用某些类型的财务比率（例如，同时使用两种不同的盈利率，如股本回报率和资产回报率）来进行聚类。解决这个问题的方法是进行主成分分析（Principal Component Analysis，PCA），主成分分析将实现把相似的特征合并到同一个特征中从而删除过多的特征。对于非金融/银行业的例子，你可以参考苏雷什·库马尔·戈拉卡拉（Suresh Kumar Gorakala）的构建推荐引擎（building recommension engines）视频。

5.4　新发行证券的自动辛迪加融资

一般只要有新证券发行，背后就会有投资者。通常传统的一家或几家投资银行会组织一组名为承销辛迪加团队的专业人员，其负责将证券发行、分配给能够购买这些股票和债券的投资者。

如果要使我们的人工智能起到投资银行承销辛迪加团队的作用，那么在本例中我们的工作将是得出一个杜克能源公司即将发行的新证券的基石投资者列表，假设 CFO 有股票方面的融资需求。为此，我们将通过 Quandl/Sharadar 来获得美国证券交易委员会备案的机构持股数据，来帮助我们了解兴趣相似的投资者的投资偏好，然后与持有跟杜克能源类似股票的投资者进行匹配。

至于出售对象，在本例中我们将把美国股市的最大投资者作为我们的投资者群体来源。承销辛迪加团队的工作就是向合适的投资者出售股票发行的主要头寸。我们将通过无监督学习方法找到合适的投资者，然后把相关股票以 IPO 的方式推荐给合适的投资者。这可以通过 5.1.2 节的股票分类（称为"持有相似度"）和 5.1.3 节的投资者分类（称为"投资者相似度"）来实现。

5.4.1　解决问题的步骤

图 5-2 展示了通过无监督学习方法找到合适的投资者所涉及的步骤。后续我们将重点介绍如何构建相似度模型。

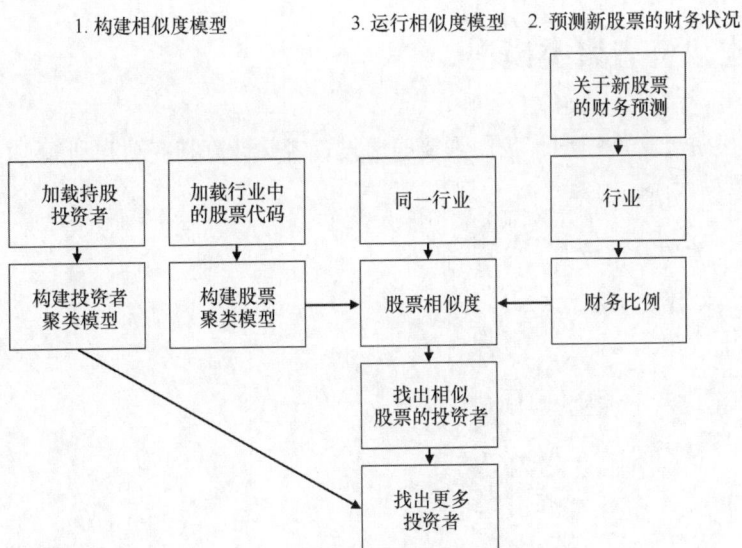

图 5-2

5.4.2 构建相似度模型

在本例中，我们将构建两个相似度模型——一个是关于股票相似度的，另一个是关于投资者相似度的。这两个模型都是聚类模型，属于本书介绍的一种机器学习方法——无监督学习。我们选取了 21 个财务指标来构建股票层面的聚类模型，而对于投资者层面的聚类模型，我们最多有 60 个特征（6 种资本规模×5 种投资决策×2 种类型的指标）。

- 6 种资本规模：超微型、微型、小型、中型、大型和巨型。

- 5 种投资决策：2 种买入决策（新的或部分的）、1 种持有决策、2 种卖出决策（全部或部分的）。

- 2 种类型的指标（总共 6 项）：一种是季度收益率（包括总收益率、已实现收益率、未实现收益率），另一种是新货币汇率（包括平均值、标准差、现值）。

我们在导入所有相关库之后，通过读取 CSV 文件和描述股票的 scale 字段来加载股票行情信息。这里为了缩短处理时间，我们只加载了投资者名单，而不是所有的投资者信息。对于每个投资者，将只计算每个细分市场股票的方向。也就是说，我们只使用规模作为唯一的细分市场依据，但在现实工作中，我们应该使用国家（或地区）×行业×规模。

5.4.3 构建投资者聚类模型

为了构建投资者聚类模型，我们需要遍历投资者并计算其变动和利润（已实现和未实现的利润），代码如下所示。

（1）导入所需的库和数据。

```
'''**************************
Load Data
'''
#import relevant libraries
import quandl
from datetime import date,timedelta
import pandas as pd
import os

#load tickers universe and description field (scale)
```

```
...

#loop through investors
...

for investor in investorNameList:
...
#calculate the change in position by ticker on
Quarter-to-quarter basis
...

#qualify investor's activities
print('classify investor decision')
...
#output the ticker's activities of the investor
```

（2）准备投资者资料。

```
## Prepare investor Profile'''
#load relevant libraries
import os
import pandas as pd
import numpy as np
from time import time
from sklearn import metrics
from sklearn.cluster import KMeans
from sklearn.preprocessing import StandardScaler
import pickle

...

#Summarize quarterly performance of investors per quarter
...
for file in file_list:
    ...
    for index, row in tmp_pd.iterrows():
        ...

    #calculate return (realized, unrealized and new money)
    ...
```

（3）准备聚类投资者，以及生成簇和结果。

```
## Cluster investors
#cleansed and transform data for clustering
```

```
...

sc_X = StandardScaler()
X = sc_X.fit_transform(investor_pd)

#define the k means function
def bench_k_means(estimator, name, data):
    ...
#try out different K means parameters and find out the best
parameters
...
target_score = 0.05
...
for num_cluster in range(5, 500):
    KMeans_model = KMeans(init='k-means++', \
                          n_clusters=num_cluster, n_init=10)
    ...
    if best_score <= target_score:
    break
    ...
## Output the results
#Output clusters
...
f_cluster=open('investor_cluster_'+str(best_cluster)+'.pkl',"wb+")
pickle.dump(best_KMeans_model, f_cluster)
...
f_SC=open('investor_SC_'+str(best_cluster)+'.pkl',"wb+")
pickle.dump(sc_X, f_SC)
...
f_labels=open('investor_labels_'+str(best_cluster)+'.pkl',"wb+")
pickle.dump(best_labels_data, f_labels)
...
```

在这里，我们按照股市中所列出的已实现和未实现的利润这些特征来进行聚类分析。然后，我们将阈值设置为 0.05，这意味着我们所构建的簇在特征变量之间会有 5%的差异。最后，我们输出聚类结果，即最终的簇、聚类模型和类别（即 f_labels）。

5.4.4　构建股票聚类模型

为了构建股票聚类模型，我们将加载数据、准备股票的配置文件、对股票进行聚类，然后输出聚类模型和结果。

（1）加载行业、股票代码和相关函数，并导入库和 Quandl 的 API keys。

```
'''**************************************
i. load industry, tickers and functions
'''
#import libraries
import quandl
import pandas as pd
import numpy as np
import os
from time import time
from sklearn import metrics
from sklearn.cluster import KMeans
from sklearn.preprocessing import StandardScaler
import pickle


#API keys
...


...
```

（2）使用 sklearn 来运行模型，使用 pickle 来加载结果和聚类模型。然后，下载股票代码对应公司的基本面数据，获取最新的年度财务数据。

```
#define important functions
#download fundamental data of the ticker
def download_tkr(tkr):
    ...
```

（3）定义所需的 k 均值聚类函数。使用超过临界值的股票代码数量来区分行业。在这里，我们将使用 10 只股票代码作为临界值。在求解行业时，我们列出了该行业对应的簇。然后，对超过临界值的行业下载对应的财务数据，对行业簇中的每个股票代码清除数据类型。

```
#kmean clustering function
def bench_k_means(estimator, name, data):
...


'''**************************************
#2a. load data
'''
#parameters
...
```

```
'''*****************************
#i. filter the industry in scope
'''
...

#collect tkr in each industry
for index, row in df_tkr.iterrows():
    ...
```

（4）然后，计算行业聚类模型。簇的最大数量不能超过该行业中股票总数的一半。如果聚类模型达到 5% 的最高轮廓系数（目标值），或者达到 $N/2$ 个簇（N 为该行业中的股票总数），那么将会停止聚类。

```
'''*****************************
#ii. create a dataframe for each industry to do clustering
'''
...
#loop through the industry
for ind, list_tkr in dict_ind_tkr.items():
    ...
    #Go through the ticker list to Download data from source
    #loop through tickers from that industry
    for tkr in list_tkr:
        ...
        '''*****************************
        2b. prepare features for clustering for the industry
        '''
        #convert to float and calc the difference across rows
        ...
        '''*****************************
        2C. Perform K means clustering for the industry
        '''
        #clustering
        sc_X = StandardScaler()
        X = sc_X.fit_transform(df_fs_filter)

        ...
        for num_cluster in range(5, max_clsuter):
            KMeans_model = KMeans(init='k-means++', \
                            n_clusters=num_cluster, n_init=10)
            ...
```

（5）输出尺度、聚类模型和最终的簇。

```
'''*****************************
2D. Output the clustering model and scaler for the industry
```

```
'''
#Output clusters
...
```

通过采用我们在第 4 章中介绍的开发的方法，我们可以推导出财务报表，从而推导出后文用于对股票进行分类的财务比例。

在第 4 章的例子中，我们预测了发行债券和股权后的资本结构。但是在那个例子中，除了盈利能力、规模之外，我们并没有假设股票价格的任何变动，例如市盈率等。

要预测新发行股票的财务状况，需要执行以下步骤。

（1）导入所有相关库并使用 pickle 来加载结果和聚类模型。

```
#import relevant libraries
import os
import pickle
import math
import numpy as np
import pandas as pd
import quandl



...
```

（2）利用我们在第 4 章所构建的财务预测程序。然后，计算拟上市公司的预测财务指标。

```
#perform financial projection
#reuse the function developed for WACC optimization
def cal_F_financials(record_db_f, logreg, logreg_sc, new_debt_pct,
price_offering, levered_beta, sales_growth, coefs, r_free):
    ...



'''****************************
Step 2: Simulate financial of the new stock
'''
...



#load credit model built previously
...



#reuse the parameters developed from WACC example
```

```
...

#assume that we are raising equity for the same client
...

#run simulation / projection of financial data
...
```

这个聚类模型将会告诉我们这只新股票与同一簇中的哪些股票相关。

在构建该股票聚类模型时，我们可以使用捷径，这也是一个比较实际的考虑因素。对于行业中数量太少的股票（如不到 100 只），就没有必要构建一个聚类模型来帮助我们找到行业内的子类。我们应该去手动检查每一只股票，如果股票数量不多的话。

有了完整的股票聚类成员名单，我们就可以找到这些股票的现有股东，找出这些股票目前的所有者（投资者名单 A）。如果我们还需要更多的信息来进行研究，那么我们可以再运行另一个投资者层面的聚类模型，以找出谁（投资者名单 B）可能对这只与投资者名单 A 具有相似特征的股票感兴趣。

按照以下步骤进行聚类。

（1）找到与我们正在寻找投资者的上市公司在同一行业的、有相似财务状况的股票。

（2）找到这些股票的现有持有人。

（3）找到持有我们检查过的股票的投资者名单，也就是被选中的投资者。

（4）找到所有投资者的簇 ID。

（5）根据选定的投资者列表，找到其所在簇以及共享相同簇 ID 的其他投资者。这些投资者就是我们将要向其出售新发行证券的目标投资者。

以下是我们用于进行聚类的伪代码。

```
#Step 2 and 3. Perform clustering to find out the similar investors whose
sharing the similar stocks

'''*****************************
Step 3: Run the similarity models to find out holders of the similar stocks
'''
#check if we need any model - if industry has too few stocks, no model
needed to find out the similar stocks
...
```

```
#retrieve the list of tickers that are similar
...

#find list of investors looking at the similar size and more
#check which investors have it...
...

#loop through investors holding name by name to find out investor that is
holding the similar stocks
for filename in investorNameList:
    ...

#Load the investor clustering model
...
#extract the investors' cluster ID
...

#find out who else share the same cluster ID
...

#print out the investor list
...
```

上面的代码展示了如何列出聚类后的、具有相似投资股票组合的投资者。在这个例子中，我们为投资者构建了一个聚类模型并加以使用。在 5.5 节中，我们将了解如何识别收购者和目标公司。

5.5　识别收购者和目标公司

对收购者和目标公司领域的公司财务的研究已经有很长的历史了，我们面临的挑战是如何将这些丰富的研究成果应用到现实工作中。对冲基金一直将这些研究成果应用于并购套利，而并购银行家们一直专注于将其用于定期对市场进行评分和评估（例如，我们所阅读的早间新闻）。

在本小节中，我们假设你是一名正在寻找机会的并购银行家。为了优化我们的时间分配，我们把注意力重点集中在能够成交的客户身上，从而得以更好地分配时间。为此，我们将使用一个模型来预测能够成功成为并购中的收购者或目标公司的概率。

当前新一代的投资银行家应该要能使用自动化的金融建模工具。随着时代的发展，自动化的金融建模工具能够捕获数据，能够预测，能够帮助银行家进行金融建模。在当今还是大多使用 Excel 的世界里，如果继续使用 Excel 而不是使用自动化的金融建模工具，通常还需要做更多的 NLP 研究，才能够训练机器去解析/理解基于 Excel 的金融模型，因为这种模型只能被人类理解，但机器却几乎不能理解！

其次，并购预测模型在未来应该会成为投资委员会/委托书接受委员会的一部分，交易的可能性应该要在投资委员会/委托书接受委员会那里展示出来，就像当今的信用委员会的信用评级一样。

那么，现在让我们看看如何在并购预测中应用类似于信用评级的方法来发现交易机会。

我们将按照以下步骤来解决该问题。我们将从加载必要的 Python 库开始。

（1）导入所有必需的库并定义关键变量。

```
'''****************************************
#1. Import libraries and define key variables
'''
import pandas as pd
import numpy as np
import quandl
import matplotlib.pyplot as plt
from sklearn.metrics import classification_report,roc_curve,
auc,confusion_matrix,f1_score
from sklearn.model_selection import train_test_split
from sklearn import tree
from sklearn.neural_network import MLPClassifier
from sklearn.preprocessing import StandardScaler
import pickle
import graphviz

#KPI keys
quandl.ApiConfig.api_key = '[API Key for Quandl]'
```

（2）下载给定股票代码的财务信息（可以利用上一个示例中的代码），并定义将用于训练决策树和神经网络的函数，包括网格搜索（实现这些功能都可以利用第 3 章中的代码）。

```
'''*************************************
#2. Definition of functions
'''
#2a.Download tickers
def download_tkr(tkr):
...
#2b.Train tree
def train_tree(X,Y,ind):
...
##2C Neural Network
#2Ci. Grid search that simulate the performance of different neural
network design
def grid_search(X_train,X_test,
Y_train,Y_test,num_training_sample):
...
#2Cii. Train Neural Network
def train_NN(X,Y,ind):
...
```

（3）筛选出具有大量股票代码的行业，并遍历该行业及其相应的股票代码来构建决策树和神经网络。

```
def filterIndustriesByTickets(ind):
```

（4）根据每个行业的 ROC 曲线来输出结果。

```
def displayCurveChart(type, ind):
```

（5）从文件中加载公司列表以及它们所在的行业，就像自动辛迪加融资例子里的一样。我们要选择至少有 30 家公司的行业以保证有足够的规模来支撑建模。将同一行业的股票代码加载到字典中的一个条目中，以行业为键、以股票代码为值。

```
'''*************************************
3. Execute the program
#3a. filter the industry in scope
'''
groupby_fld = 'sicsector'
min_size = 30
df_tkr = pd.read_csv('industry_tickers_list.csv')
...
#collect ticker in each industry
for index, row in df_tkr.iterrows():
    ind = row[groupby_fld]
    tkr = row['ticker']
```

```
    if ind in list_scope:
        if ind in dict_ind_tkr:
            dict_ind_tkr[ind].append(tkr)
        else:
            dict_ind_tkr[ind] = [tkr]
```

（6）逐个遍历所选定的行业，并加载公司的历史财务数据。对于每个公司，我们将加载 10 年来的年度财务记录。

```
#loop through the dictionary - one industry at a time
for ind, list_tkr in dict_ind_tkr.items():
    df_X = pd.DataFrame({})
    df_Y = pd.DataFrame({})
    print(ind)
    #Go through the ticker list to Download data from source
    #loop through tickers from that industry
    for tkr in list_tkr:
        print(tkr)
        try:
            df_tmp,X_tmp,Y_tmp = download_tkr(tkr)
        except Exception:
            continue

        if len(df_X)==0:
            #df_all = df_tmp
            df_X = X_tmp
            df_Y = Y_tmp
        else:
            #df_all = pd.concat([df_all,df_tmp])
            df_X = pd.concat([df_X,X_tmp])
            df_Y = pd.concat([df_Y,Y_tmp])
```

我们加载了公司的所有事件。加载完事件之后，我们只筛选那些与并购相关的事件，并将其做成一个二进制列，以表示公司是否在一个日历年内完成了任何并购，这里的值为 1 则代表是。然后，我们将公司的财务数据和事件结合在一起，我们将 $t-1$ 年的财务数据与 t 年的二进制事件指示列结合起来。这个逻辑的大部分实现代码是为了准备财务和事件数据，即 download_tkr(tkr)这个函数里的代码。

（7）将数据从行业中分离出来，以训练模型。

```
#neural network
nn_clf,f1_score_temp = train_NN(df_X,df_Y,ind)
f1_list.append(f1_score_temp)
```

```
nn_clf.get_params()
#decision tree
try:
    tree_clf,f1_score_temp = train_tree(df_X,df_Y,ind)
except Exception:
    continue
f1_list.append(f1_score_temp)
tree_clf.get_params()
```

在这里，我们利用了第 2 章中的代码。然而，因为出于只是演示的目的，所以我们这里只使用了决策树和神经网络的代码。

5.6　本章小结

在本章中，我们了解了投资银行业务的基础知识。现在，你应该能够理解 IPO 和并购的概念了。基于你在本章中学习到的数据技术，你应该能够对业务领域需求进行建模了。使用聚类模型技术，你应该可以创建高性能的人工智能系统了。

我们介绍了一个例子，解决了如何为新发行证券进行自动化承销辛迪加融资的问题。我们还介绍了一个关于如何识别收购者和目标公司的例子。

在第 6 章中，我们将重点介绍投资组合管理、资产管理以及一些适用于投资组合管理领域的人工智能技术。

06

第 6 章
使用特雷诺·布莱克模型
和 ResNet 自动化投资组合管理

第 5 章介绍了投资银行业务的基本概念。我们还学习了并购和 IPO 的概念。我们研究了聚类模型，这是人工智能方面的一种建模技术。我们学习了解决新发行证券进行自动辛迪加融资的问题的详细步骤和示例。我们实现了一个识别收购者和目标公司的例子。因此，前两章涉及的是投资银行证券发行方面的业务。

在本章中，我们将研究投资者的动态。投资者从战略上驱动投资行为。股票或债券的发行可以通过两种方式进行，即一级市场或二级市场进行。一级市场的作用是代表公司、政府或其他团体发行新的证券，以便通过债券或权益性证券来获得融资。二级市场的作用是促进感兴趣的各方买卖以前在上面一级市场发行的证券。投资经理的作用就是根据证券的价格走势做出更明智的决策，来为客户增加利润。投资经理试图了解投资者的需求，并将资金投入那些能产生最大回报的投资。

本章将介绍以下主题。

- 财务概念。

- 理解马科维茨的均值-方差组合模型。

- 探索特雷诺·布莱克模型。

- 基于特雷诺·布莱克模型构建投资组合。

- 预测证券的走势。

6.1　财务概念

在本节中，我们将探讨各种财务概念。欲深入了解该领域的知识，请参阅特许金融分析师（Chartered Finance Analyst，CFA）的教学大纲。

6.1.1　资本资产定价模型中的 alpha 和 beta 回报

根据资本资产定价模型可知，投资回报率=无风险回报率+alpha +beta×市场回报率+噪声（均值为 0）。alpha 是指表现优异的公司或投资者获得的回报，而 beta 是指资产与整体市场回报相比的风险。当投资风险高于平均市场风险时，beta 的值就会高。噪声是指长期回报为 0 的随机运动。

在资产管理行业中，尤其是专业的投资经理，通常是根据 alpha 向客户收费的。这就解释了为什么人们如此重视 alpha。

6.1.2　已实现和未实现投资回报

投资回报（收益）可以分为已实现和未实现两种。已实现投资回报是指已经实现并收入囊中的回报。未实现投资回报是指如果我们把这些资产卖掉换成钱的话，我们会得到的回报。

6.1.3　投资政策声明

投资行业的工作一般是指代表资产所有者去进行投资。作为资产管理者，我们的受托责任是提供建议和代表客户去投资。本书到目前为止，试图通过查看行为/交易数据来了解投资者的投资需求。但是，实际上，关键数据应该是投资者确定的投资政策声明（Investment Policy Statement，IPS），它又叫投资政策说明、投资政策说明书。

一份 IPS 包含回报目标、风险偏好和投资者设定的约束条件。回报目标和风险偏好都是可以定量定义的变量。目标回报率可以定义为基于通货膨胀率的年净回报率。如果目标回报率为 1%，通货膨胀率为 1%，那么这意味着随着通货膨胀，商品价格水平上升，资本的价值得以维持。从长远来看，这意味着我们投入投资组合的购买力保持不变，因为价值能够随着价格水平的上升而上升。

这些变量的数学表达式如下。

- 回报目标：以上例子中的这种回报目标称为资本保全，1% 的目标回报率称为名义回报率。从名义回报率中扣除通货膨胀率之后的回报率，称为实际回报率：实际回报率=名义回报率−通货膨胀率。

- 风险偏好：风险偏好可以定义为回报的波动性。我们通常是这样定义它的：投资者的风险偏好=实际回报率的方差。

风险偏好的选择是主观的，有些人喜欢伴随兴奋情绪而来的起起落落。有些人喜欢坐在沙发上读书；而有些人更喜欢坐在桌子边的椅子上读书。有些人喜欢朝九晚五的工作，薪水稳定；而有些人喜欢创业所带来的刺激感，希望能迅速致富，愿意去冒失败的风险。

话虽如此，但是，一份朝九晚五的工作并不意味着被解雇的风险更低，而一份令人兴奋的工作也并不意味着失去工作的风险就很高。很明显是存在这样一些例子的：我们可以拥有一份既令人兴奋，又很有潜力，而且又很稳定的工作。这正是投资组合管理过程中资产配置的目标结果。

鉴于本书要涉及实际工作中的各个方面，基于篇幅限制，关于更多细节，建议你阅读 CFA 协会投资系列丛书中的《投资组合管理：动态过程》一书。我们在这里的目标是定义要在 Python 中执行机器学习程序所需的参数。

在人工智能时代，我们面临的挑战是如何将这些投资政策以机器能理解的代码形式实现。实际上，投资界确实有将投资政策数字化的任务。

区块链中的智能合约为实现这个任务带来了希望，智能合约以“某些语句可以数字化逻辑判断"为假设前提。如果一个合约可以被编码成区块链上的智能合约来执行，那么为什么 IPS 就不能同样如此操作呢？在本章中，我们假设投资政策都能被编码来执行。

6.1.4　资产类别

投资组合管理是指根据资产类别的特点或风险因素，将资本配置到各种投资资产中的过程。我们将从关注资产类别分配开始介绍。资产类别是指具有相似特征的一组资产。实际上，这听起来与聚类模型的结果非常相似。

综合我们的金融知识，资产类别通常指的是股权、债券、货币市场和其他投资。其他投资又可以细分为房地产、私募股权、对冲基金和大宗商品。股权是指在公开交易市场发行的股票。债券是指公司发行的债权，分为货币市场和债务市场。货币市场是指期限范围为一天到一年的短期债务。货币市场不同于债务市场，因为货币市场流动性很高（交易量大，价格合理）。而在债务市场中，市场要么流动性非常低，要么被某些投资者控制。债务市场通常是指期限较长（例如 10 年或更长时间）的债券。当然，债务市场也可以包含一年以上的任何东西，这通常被称为中期票据或中期债券。

6.1.5　投资行业的参与者

投资者在投资行业中扮演着核心角色。然而，了解其他主要参与者也同样重要，包括投资经理（管理投资者的资金）、被称为卖方的托管人（通常是投资银行或证券公司），以及为投资者提供如何选择投资经理等专业建议的顾问和咨询师。托管人是指负责结算、管理、备案所有投资交易和外汇市场的那一方。

如果投资经理来自机构，则称他们为机构投资者，而独立行事的个人则被称为个人投资者。投资经理对投资资金的受益人负有信托责任。这些受益人就是投资经理的真正客户。例如，就杜克能源公司而言，最终受益人可能是杜克能源公司的员工。在这两者之间，既可以是杜克能源公司的财务主管作为投资经理来管理基金，也可以是外包出去选择投资基金经理作为投资经理。

在销售方面，基金可以面向机构投资者、个人投资者，也可以通过银行或保险公司进行零售分销。如果是零售分销，则由分销商负责根据购买者的需求来选择合适的投资。虽然直接与投资经理打交道的是机构投资者或个人投资者，但负责撮合的还是理财经理或顾问。

6.1.6 基准——比较的基线

我们需要使用一个基准来定义要测量的平均市场回报率。这个基准可以是资本资产定价模型中的市场回报率或者 beta 系数。任何高于这个平均市场回报率的东西叫 alpha。在本章的例子中，我们假设市场基准是全球股票交易所交易基金（Exchange Traded Fund，ETF）。

如果我们要建立一个全球资产的世界市场基准，我们可以通过分析建立这样一个指数，该指数可对各种指数或一揽子回报进行加权。

6.1.7 投资者是要寻求回报的

国际清算银行的一项研究表明，投资者会表现出寻求回报的行为。这意味着投资的关键原则之一就是要追随市场回报率。这无疑也意味着，如果我们仅仅通过回报率来决定配置决策，我们将永远比市场反应慢。因此，在人工智能领域中，可能有两种改进方法。

- 用超级快的机器来非常快地追随市场回报率。
- 比其他人更准确地预测市场回报率。

ETF 承诺可以做到前者，前提是我们能够足够快地进行 ETF 的配置，而这反过来又违背了追随市场回报率的目的，因为 ETF 的种类太多了。因此只有当我们投资一个真正的市场代表时，例如主要的市场指数 ETF，才有可能做到前者；否则，我们仍然会面临同样的挑战，即试图配置正确的证券/投资来产生 alpha（击败市场）。

在大多数有关交易的书籍中，作者会隐藏他们的成功策略，这使我们很难理解什么才是真正的成功策略。即使作者展现了真正的成功策略，该策略也因为广为人知而失效。为了保持真正的成功策略的实用性，我们将确定一个失败的策略，你可以在此基础上对其进行改进。这样做至少向你展示了端到端的策略开发，并能让你全面了解交易是如何运作的。

6.1.8 趋势跟踪基金

在将资产分配给基金经理后，让我们再来更深入地了解一下所投资的基金。如果投资的是 ETF，我们的关键需求之一就是跟踪标的证券。例如，如果基金的任务是根据一系列规则来跟踪一揽子证券的表现，那么我们可以简单地购买并持有标的证券，直到赎回（投资者提取回资金）。

然而，如果我们试图提前预测价格变动，并采取相应的行动，我们就有可能赢得比基准更多——这就是我们所说的 alpha。

使用技术分析作为生成 alpha 的方法

有一个交易学派相信证券价格趋势，它假设可以根据过去的价格变动来预测出未来的趋势，这称之为技术分析。图 6-1 所示为在一段时间内证券价格的趋势（其中，横轴表示年份，纵轴表示价格）。

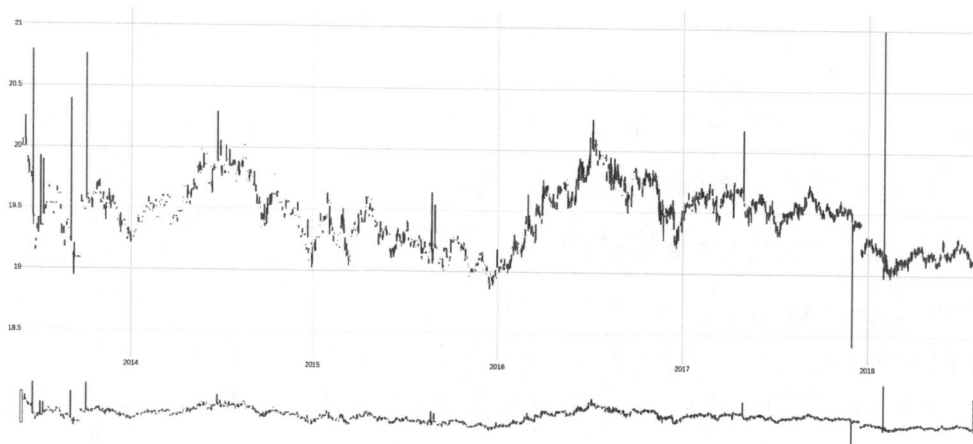

图 6-1

从图 6-1 中，我们可以看到证券价格是呈趋势性波动的，但每段趋势的长度并不总是一样的。关于如何解读证券价格随时间变化的规律（又称为模式，本书会视具体语境交替使用这两个术语），已经有大量的研究了。但这不就是一个计算机视觉方面的挑战吗？与其我们手动地从无数的特征中挑选特征来绘制趋势线，不如应该让计算机去阅读图表并学习如何绘制趋势线？

就规律类型而言，可以从阅读 *Technical Analysis of the Financial Markets: A Comprehensive Guide to Trading Methods and Applications* 一书入门。关于精确处理数据来检测规律的更多信息，请参阅 *Advances in Financial Machine Learning* 一书。在这本书中，普拉多（Prado）博士通过让读者深入了解数据被输入计算机之前的工作原理，从而真正提升到另一个层次。

6.1.9　交易策略

交易策略是指对交易活动的考虑和所要采取的行动。因此，在本章中，与成功策略相反，将向你展示一个在设计上就是失败的实际策略。对于一个真正的交易者来说，披露成功的交易策略会毁掉这个策略，因为人们可以针对它进行交易。例如，交易对手可以在你预期买入时卖出。与具有同一资产的简单买入和持有策略相比，我们这里所介绍的简短策略并不会产生正 alpha 值。

要了解有关交易者和银行家的比较行为的更多信息，请参考发表在 *The Journal of Finance* 期刊上的 "Compensating Financial Experts" 这篇论文。

6.2　理解马科维茨的均值-方差组合模型

投资组合管理的目标是最大限度地降低风险，以达到目标回报率。在这方面，已经可以从 IPS 和历史回报率中获取到目标回报率和风险承受能力等相关数据。业内使用的典型的投资组合优化模型包括马科维茨的均值-方差组合模型和特雷诺·布莱克模型。

1952 年，一位名叫哈里·马科维茨（Harry Markowitz）的经济学家提出了均值-方差分析，也就是现代资产组合理论（Modern Portfolio Theory，MPT）。他因该理论获得了诺贝尔经济学奖。

均值-方差组合模型是一个组合资产投资组合的框架，可用于在给定的风险级别下实现回报最大化。它是投资多元化的延伸。投资多元化是一种建议投资者应该要投资不同种类金融资产的思想。与只投资一种资产相比，投资多元化的风险更小。

投资者的目标是选择能令回报最大化的资产配置，也称为回报方差。在投资资产时，风险与回报的比例（简称"风险回报率"）是一个关键的决策因素。风险回报率的计算方式是预期回报与可能损失的比例。预期回报和实际回报之间的差值称为风险。关键的挑战是计算目标投资组合回报的方差。例如，投资组合可以是 40% 的股权和 60% 的债券，或者是更复杂的资产类别配置，如房地产、大宗商品等。要计算出 40% 的股权和 60% 的债券的回报方差，我们首先需要分别计算出股权和债券的回报方差。同时，我们还必须要考虑股权和债券之间的协方差，也就是说，股权和债券的回报率是如何在同一个方向或完全不同的方向上波动的。

> 有关资产和财富管理行业如何发展的详细信息，请参阅普华永道 2017 年发布的 "Asset Management 2020: Taking stock, Asset & Wealth Management Insights"。

我们来假设一个场景帮助大家加深理解。在这个场景中，一个团队（每个人代表一个资产类别）一起工作以实现回报。投资组合经理的工作就是确定谁在团队中拥有较大的发言权，谁拥有较小的发言权（资产配置工作）。这取决于成员的工作效率（回报率）和个人绩效的波动：有些成员表现出极端的绩效水平，而有些成员在工作效率方面相当稳定（方差）。我们还需要知道各个团队成员之间的相互作用，这种相互作用还必须要考虑到他们每个人是如何互补或增强彼此的生产力的（相关性）。一些团队成员之间表现出强烈的"化学反应"，他们之间产生了非常好的结果（正相关）；有些成员在一天的不同时间段工作，如一个是"夜猫子"，另一个是喜欢早起的人，各自的工作时间段不同，会导致产生不好的结果（负相关）；还有一些成员真的没有任何相似的或相异的模式（零相关）。

图 6-2 所示为两个资产（i 和 j）之间的相关"矩阵"。灰色的对角线表示证券的回报方差，其余单元格表示证券间的回报协方差。黑色的单元格是我们不需要关心的，因为它们反映的是与对角线相反的值。对于这区区的 20 种证券，我们将要有 190 个值需要估算。

为了进一步说明计算复杂性这个问题，我们假设第 20 号证券是不能流动的，我们无法可靠地估计它与另一个证券的协方差。这可能会影响到其他 19 种证券的协方差数据质量。该模型在实际应用程序中还会有如下问题。

- 有些资产没有足够的数据点来供我们计算它们与其他资产的相关性（例如，新加入团队的成员）。

- 在金融市场中，资产之间的相关性是动态变化的，因此很难预测具有前瞻性的相关性。

- 相关性不是线性的。

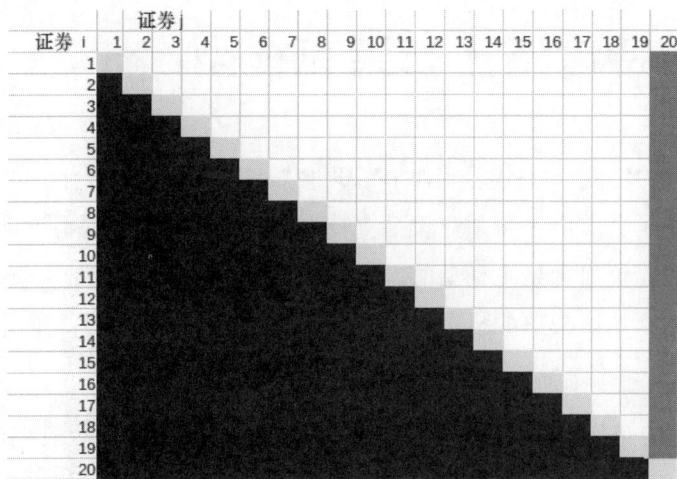

图 6-2

该模型适用于具有有效定价和大量可供建模数据点的公募股权。但是它不适用于非流动资产，例如初创企业的私募股权或新兴市场的证券或债券，我们对这些资产的定价并不完全了解，而且许多资产的定价往往是经过分析重组的。

> 风险相关性中的一种具体类型可能是信用风险。在经济状况好的时候，各种资产之间的风险相关性较低；而在经济危机时期，这种风险相关性会"飙升"并朝着类似的方向发展。关于违约相关性的示例，请参考达雷尔·达菲（Darrell Duffie）和肯尼思·J.辛格尔顿（Kenneth J. Singleton）的《信用风险——定价、度量和管理》。

一些老牌公司会由公司的财务主管来负责管理自己公司的养老基金。我们假设财务主管需要处理养老基金的目标资产配置。我们将获取每个资产类别的指数回报数据。我们将使用

Quandl 的 ETF 订阅数据作为数据来源。

ETF 是指可以在纽约证券交易所等公共交易所买卖的基金。它之所以是一只基金，是因为它投资于更多的基础证券，如股票或债券。这种形式正变得越来越受欢迎，因为它能让投资者专注于基金投资的主题，而不是个股。例如，如果我们对美国经济实力有一定的强有力的看法，我们就可以购买投资于美国规模最大的 500 只股票的基金。

6.3 探索特雷诺·布莱克模型

针对马科维茨的均值-方差组合模型在管理多资产类别投资组合问题时的不稳定性，特雷诺和布莱克建立了特雷诺·布莱克模型。特雷诺·布莱克模型适用于现代投资组合配置方法，即其中某些投资组合是主动型的，而另一些投资组合是被动型的。在这里，被动型投资组合是指遵循市场回报率的投资组合，它不是为了超过市场平均回报率，而是紧跟市场回报率。

主动型投资组合是指我们力求的能获得超过市场平均回报率的投资组合。在市场风险水平下，市场回报率越低，投资组合回报率就越高。然后，我们将总的资金配置到主动型投资组合中。特雷诺·布莱克模型力图在主动型投资组合的总风险/回报率水平中，分配更多的权重给能够带来更高风险回报水平的资产。

引入 ResNet——用于模式识别的卷积神经网络

应用了卷积神经网络的计算机视觉类型人工智能应用程序的特别之处在于，其可以使用接下来提到的隐藏层。在我们的例子中，我们将以 Keras 中实现的 ResNet 为例来说明这些想法。我们还将展示一种改进性能的方法，不过，还是希望你能更深入地去研究超参数调试和优化（又称调优）。

卷积层就像是要输入的图像的一个子集。在技术分析中，这就像是使用滑动窗口来计算统计值一样。每种类型的滑动窗口都被训练来检测特定的图案模式，例如向上、向下和平直的线条。在神经网络术语中，这里的每种类型的滑动窗口叫过滤器（又称滤波器）。每种类型的过滤器都有大量的窗口在输入图像上进行处理；这些窗口的数量用层中神经元的数量来表示。

为了解释以上术语，让我们以一个大小为 3×3、卷积核形状为 2×2 的输入图像为例来说明。编码示例中的实际输入图像的大小是要大于这个大小的。

输入图像是一个带有一条从左下角沿对角线到右上角的黑线（用 3 个像素表示）、大小为 3 像素×3 像素的图像。它显示的是每天向上移动一个像素的股票价格，如图 6-3 所示。

图 6-3

滑动窗口的形状叫卷积核。卷积核是一个可以将输入的矩阵/向量转换为另一种形式的函数，在本例中如图 6-4 所示。

图 6-4

方便起见，除非另有说明，我们将假设卷积核大小为 2×2、步长（又称步幅）为 1、零填充（在输入图像两端进行补零，并非填充 0）。

卷积核移动的顺序如图 6-5 中的数字所示。每一次移动都将由卷积层的一个神经元来表示。

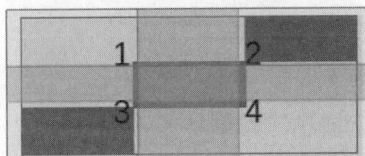

图 6-5

图 6-5 所示为 2×2 的卷积核，则需要移动 4 次（需要 4 个神经元）。

- 卷积核形状：随着卷积核的移动，可能会覆盖也可能不会覆盖相同的输入像素，被覆盖次数越多的像素颜色会越深，因为我们想展示出哪些像素被多次覆盖（注意，颜色最深的左下角和右上角像素对应的是输入图像中的对角线,而不是因为覆盖次数最多而导致颜色最深的）。

如图 6-6 所示,卷积核形状为 2×2,需要移动 4 次才能覆盖整个图像。

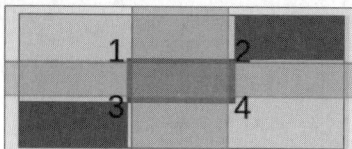

图 6-6

如图 6-7 所示,卷积核形状为 1×1,则需要移动 9 次才能覆盖整个图像。

图 6-7

- 步长：步长表示在前进过程中需要向右和向下移动多少像素。

在图 6-8 中,步长为 1,需要移动 4 次来覆盖整个图像。请注意,在步长为 1 的每次移动中都会有一些像素被过滤器重复覆盖。

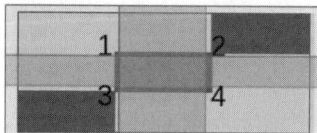

图 6-8

在图 6-9 中,步长为 2,则需要移动 4 次才能覆盖整个图像。不过请注意,在步长为 2 的每次移动中都不会有任何像素被过滤器重复覆盖。

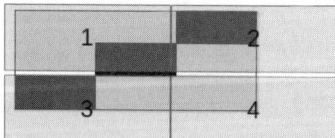

图 6-9

- 填充：填充表示会在输入图像的两端进行填充，如图 6-10 所示。

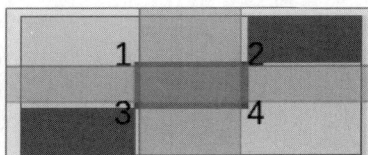

图 6-10

图 6-11 所示为零填充。

图 6-11

在图 6-11 中，填充为 1，即允许边上的边缘单元被不同的神经元覆盖。

1. 汇聚层（又称池化层）

顾名思义，汇聚层就是为了汇聚来自输入图像的结果。假设在卷积层之后，对于每种类型的过滤器，将会有多个输出变量（例如 4 个）。那么我们是否能够把它从 4 个输出变量减少到只有 1 个输出变量而不是 4 个输出变量呢？汇聚层可以起到压缩这些信息的作用。例如，取 4 个输出变量中的最大值（最大汇聚，又称最大池化）或 4 个输出变量中的平均值（平均汇聚，又称平均池化）。从视觉上看，汇聚层的作用就是模糊图像或计算移动平均趋势。

2. ReLU 激活层

对于金融专业人士来说，线性修正单元（Rectifier Linear Unit，ReLU）激活层就像一个看涨期权的回报，一旦超过某个阈值，输出值就会随着输入的变化而线性地变化。它的意义在于减少价格中的噪声，以确保只考虑主流的市场趋势。

3. Softmax

Softmax 是我们在本书前文中提到过、能做多种类型预测的逻辑回归模型的增强版本。在我们的例子中，我们希望识别出第二天的价格。

6.4 基于特雷诺·布莱克模型构建投资组合

假设我们已经获得了 10 天的价格数据，我们进行技术分析的工作就是在正确理解走势的基础上如图 6-12 那样画线，以生成第二天也就是第 11 天的价格数据。显然，这正是卷积神经网络所能解决的问题。

我们知道，在现实工作中，时间单位可以是 100 毫秒或 10 毫秒，而一般不是本例中的 1 天，但是其原理是相同的。

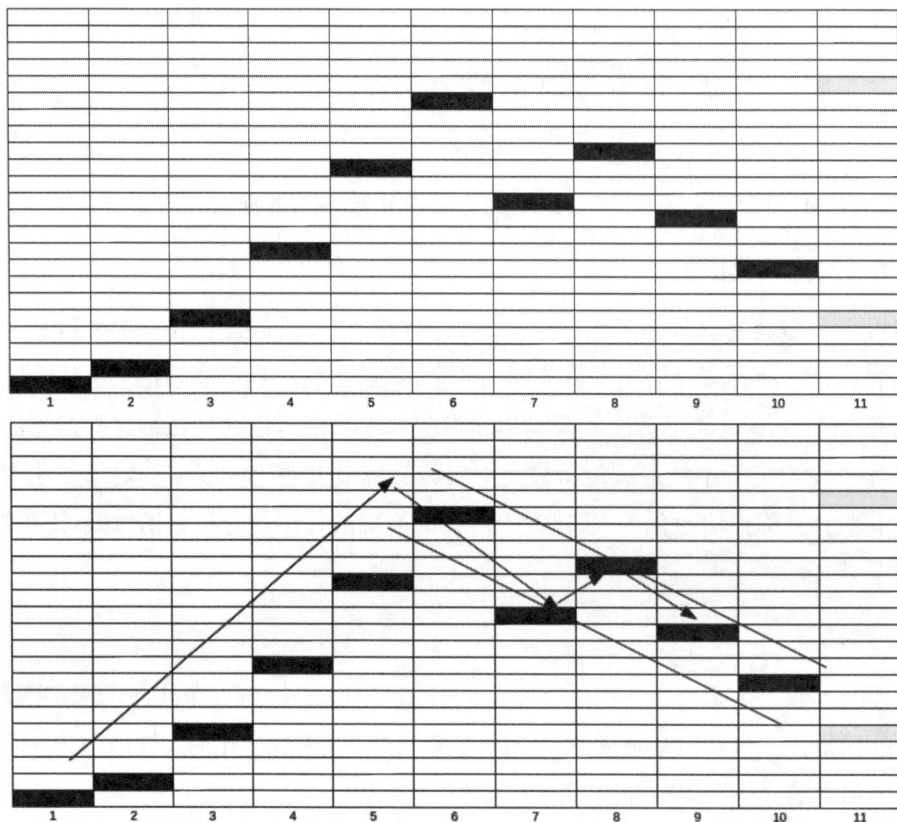

图 6-12

让我们继续以杜克能源公司为例子。在这个虚构的例子中，我们假设自己是杜克能源公司的财务主管，管理着总资产规模为 150 亿美元、采用固定缴款计划的养老基金。我们大概知道我们的 IPS 是以下规则的。

- 目标回报率=实际回报率（扣除通货膨胀率）的 5%。

- 风险=回报波动不能超过 10%。

- 限制条件：不能投资给电力公司，以避免投资给其他同行/竞争对手。

请注意，这只是一个虚构的例子。本例并不构成对实际公司的任何推论。

使用 IPS，我们将首先在第一个例子中说明如何将资金分配到各种不同的资产类别。然后在第二个例子中，在给定的被动性投资的最近趋势的基础上，我们将研究趋势跟随策略，以使投资经理能够跟随市场。

解决方案

我们创建了两个独立的 Python 文件，因为资产参数应该与资产的分配方式无关。每个文件涉及两个主要步骤，两个文件就总共涉及 4 个步骤。这两个主要步骤如下：下载并估算资产参数；生成目标资产配置。

（1）为了下载并估算资产参数，我们将导入库和关键变量值。然后，我们将定义下载每种资产的数据、市场回报率、无风险回报率、资产回报率的函数和参数。

（2）为了生成目标资产配置，我们将导入库和关键变量值，求出证券在主动型投资组合中的权重，然后求出主动型投资组合在总投资组合中的权重。

随着内容的推进，我们将在这个例子中开始使用传统数据库方法，而不是继续创建没有数据库存储的数据转储。这个例子体现了结构化数据库（SQL 数据库）与结构化的证券定价数据可完美地配合在一起工作。我们使用的是 SQLite，它是一个轻量级的数据库。使用 SQLite 只是想向财务专业人员说明数据库是如何在我们的用例中发挥作用的。当然，对于实际工作中的 IT 实现，我们可以使用许多既安全又快速的企业级数据库。

1. 下载范围内的资产价格数据

本例中使用的个人资产和市场资产均为 ETF。相关数据是通过免费和付费订阅从 Quandl 下载的，包括以美国国债为代表的无风险数据和以全球股票 ETF 为代表的市场回报率数据。在我们下载完数据，也就是下载完日终数据之后，我们取日最高价和日最低价之间的中间点作为当天的价格。

步骤如下。

（1）导入必要的库，其中 sqlite3 是本章中新引入的库。本例代码展示了如何将 SQL 数据库用于交易数据用例。我们将使用一个轻量级的 SQL 数据库——SQLite，该数据库在物理上体现为一个文件。

```
6A_1_cal_assetpara.py
'''*************************************
#1. Import libraries and key variable values
'''
import quandl
import pandas as pd
import numpy as np
from sklearn import linear_model
from sklearn.metrics import r2_score
import sqlite3
import math
import os
#not needed when using database
import pickle
#API Key


#dates variables for all the download

#db file
```

（2）定义下载各资产的数据的函数。

```
'''*************************************
#2. Define function to download data for each of the asset
'''
```

> 在没有 Python 的情况下，你也可以通过工具来直接访问该 SQLite 数据库文件，例如通过 Chrome 浏览器插件、SQLite 查看器等。

该函数将从 Quandl 的 SHARADAR 数据库中下载任何给定股票代码的价格数据，然后计算每天的回报率并得到回报序列。

2. 计算无风险回报率并定义市场回报率

在我们的例子中，我们将美国 3 个月期国债作为无风险回报率的代表。在投资界，有这么一种观点"美国国债被认为是无风险的，因为政府永远不会违约"。我们所赚取的任何高于无风险回报率的回报都是我们通过承担更多风险而获得的。

整个市场回报率可以用全球所有投资资产的回报率来代表。从理论上讲这很容易，但实际上很难定义。具有挑战性的部分是要定期产生市场回报率，以便在下一步中使用。在本例中我们将走"捷径"，用 ETF 来代表市场回报率。

```
'''********************************
#3. Market Return
'''
```

给定一个作为市场回报率代表的股票代码，运行前面的函数。

```
'''********************************
#4. Risk Free Rate
'''
#day count
#risk free rate

# override return of market
```

无风险回报率相当复杂。按照惯例，业内使用的是 3 个月期美国国债。为了获得整个时期的无风险回报率，我们采用大约 10 年的数据来计算。

不过，我们还需要将利率按年化计算。根据 3 个月期国债的定义，计算的天数是 360 天。这里的年化利率是每天都计算的。

3. 计算每种资产类型的 alpha、beta 和误差方差

在了解了无风险回报率和市场回报率是什么之后，我们接下来的任务是通过将市场回报率与资产回报率进行回归来找出 alpha、beta 和误差方差。

投资回报率=无风险回报率+alpha+beta×市场回报率+噪声（误差方差）

在完成计算之后，我们将把数据保存到 SQLite 中，以便以后进行检索。

我相信，对于未来的初创企业，我们的机器人顾问将专注于 ETF/智能 beta。也就是说，对行业进行配置，以产生相对于市场的回报。因此，在本例中，我们选用 ETF 股票代码。

我们将根据市场基准来对行业 ETF 进行线性回归。但是，我们能够获得的行业 ETF 数据和市场 ETF 价格的日期有可能会不同。因此，只有当对行业 ETF 和市场 ETF 使用 SQL 的 inner join 命令都能筛选（select）出价格数据的时候，我们才会进行回归。

inner join 命令隐性要求了行业 ETF 索引和市场基准索引在内联之前必须相同。这里的数据集的索引是指回报率的日期。

```
'''**************************************
#5. Asset Return and parameters
'''
#list of stocks for selection in the active portfolio

#connect to the databases and reset it everytime with drop indicator
#write out the risk free and market parameters

#loop through the tickers
for tkr in list_tkr:
  #calculate the CAPM:
  #download data for the ticker

#make sure the ticket we select has market data

  #linear regression

#obtain the result and write out the parameters
```

4. 计算最优投资组合配置

我们现在介绍的是另一个主要的过程，即计算出投资组合的最优配置。首先，我们将计算主动型投资组合的规模和不同资产所占的权重，具体步骤如下。

（1）导入所有相关库。

```
6A_2_treynor_black.py

    '''**************************************
    #1. Import libraries and key variable values
    '''
    import sqlite3
```

```
import datetime

#create a table to store weight
```

（2）计算主动型投资组合的参数，并将其与市场表现进行比较，以找出我们应该在总投资组合中为主动型投资组合分配多少权重。

```
'''***************************************
#2. Find out the weight of the securities in the active portfolio
'''
#total alpha/variance of the active securities

#insert into the table the weight of each active securities
```

主动型投资组合的权重是通过汇总属于主动型投资组合的证券（行业 ETF）的参数而求解出来的。

（3）然后，将市场回报/风险的比例与主动型投资组合的回报/风险的比例相比，如果主动型投资组合表现越好，就越建议加大其在总投资组合中的权重。

```
'''***************************************
#3. Find out the weight of the active portfolio in the total
portfolio
'''
#calculate the parameters of the active portfolio

#read back the risk free and market para

#calculate the weight of active portfolio

#display the result
```

在得到最优投资组合之后，下一步是根据 IPS 得出投资回报率和风险投资组合配置。

最优投资组合需要满足以下两个约束条件。

- 最优投资组合百分比 × 最优投资组合回报率 + (1−最优投资组合百分比) × 无风险资产回报率 ≥ IPS 要求的回报率。

- 最优投资组合百分比 × 按最优投资组合划分的风险 ≤ IPS 要求的风险。

恭喜你！你已经学会了如何将资本配置到不同的投资资产，以实现最佳的回报和风险级别。在 6.5 节中，我们将学习一个预测证券走势的示例，这将能帮助投资者做出明智的投资决策。

6.5 预测证券的走势

在前文的例子中,我们扮演了交易者的角色,按照财务主管的设定来配置投资组合。现在假设我们的工作是使用财务主管要求的证券进行交易,交易的盈亏取决于从低买高卖中获利的策略。我们使用证券的每日价格历史数据来构建我们的模型。我们还将演示如何预测证券走势以帮助我们做出资产购买决策。

解决方案

解决方案包括两个主要的过程:一个是模型开发过程;另一个是模型回溯测试过程(即 Backtesting)。这两个过程总共包括 8 个实时部署步骤,我们在此就不一一列举了。图 6-13 所示为该解决方案的流程。

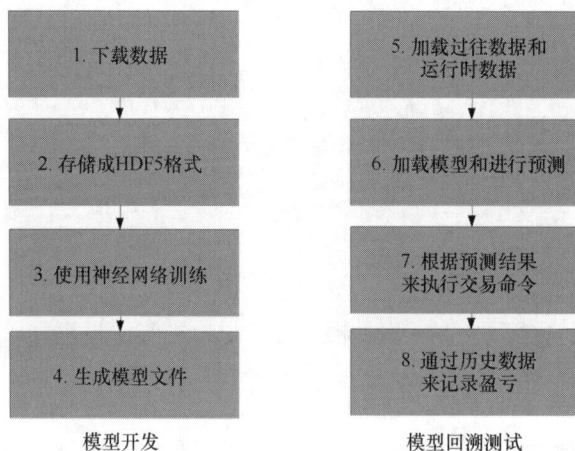

图 6-13

1. 下载、转换和存储数据

在这一步中,我们将下载数据,将数据转换为图像数组,然后将其以 HDF5 文件格式存储。首先,我们从 Quandl 将数据下载成一个 DataFrame,然后将数据转换成一个图像数组,该数组将像前文介绍的一样绘制数据点。在我们的例子中,我们将通过只绘制一天的日终数据点来简化问题。我们只取日最高值和日最低值的中间点,并且不考虑其交易量。

我们将编写一个函数,在 y 轴上将最大值和最小值缩小到固定范围内,这种方法叫归一化(即 Normalization),又叫标准化、规范化。在 x 轴上,每一天都由 x 轴上的一个点来表示,其中最左边的是给定窗口大小的最早日期,最右边的是给定窗口大小的最晚日期。在一个给定的点上,价格点的颜色是相同的,要将其显示在图表中时就将颜色设置为 255,要将其输入神经网络时则将颜色设置为 1。

我们对目标变量也做了同样的处理——对第二天的图表的 y 轴使用相同的标尺。如果第二天实际值高于最高值或低于最低值,我们就强制它取当前的最高值和最低值。

数组准备好之后,我们将按指定的持续时间对数组进行堆叠,其中每一天都由一个图表来表示,该图表将显示过去 X 天的情况,其中 X 为该图表的窗口大小。当我们完成堆叠之后,我们将把整个数组放入一个 HDF5 文件。HDF5 文件是一种分布式文件,它允许文件跨多个物理位置存储。

定义库和变量。然后按照所定义的股票代码列表逐一下载数据。

```
6B_1_trendFollowing.py

    '''*************************************
    #1. Import libraries and key variable values

    '''
    import quandl
    import plotly
    import plotly.graph_objs as go
    import numpy as np

    from datetime import datetime
    try:
        import Image
    except ImportError:
        from PIL import Image
    import os
    import h5py

#dates parameters
...
```

```
#quandl setting
...
#parameters for the image generation
...
#create path for the output dataset
...
#ticker lists
...
#generate png file for each of the input or now
...
#generate interactive plot to the ticket stock price or not
...
```

定义转换函数，将可变范围的股票价格放入固定高度和宽度的固定大小的图像中。该函数将返回一列根据缩放系数重新缩放过后的值。

- 像素值=(价格值−列的最小值)×每个值的像素数。

- 像素数=(列的最大值−列的最小值)/像素总数。

以下是这方面的代码。

```
'''****************************************
#2. Define the function to rescale the stock price according to the min and max values

'''
#input_X is a series of price
#output_X is a series of price expressed in pixel
def rescale(input_X, pixel, min_x,max_x):
...
```

我们将逐一下载数据，并将其转换为输入图像和目标结果，以供下一步进行机器学习使用。这些代码中较具技术性的是与 HDF5 文件存储相关的部分。HDF5 文件内部被进一步划分为数据集。在数据集中，我们可以将文件存储在其中。数据集的一个特性是，一旦在创建时定义了它，它的大小就固定了。此外，它并不实现动态更新，尽管在技术上它是能够做到动态更新的。

彩色图像存储在 3 个通道中：红色、绿色和蓝色的通道。每个通道是一个矩阵，其中每个像素的值范围是 0～255。然而，在我们的例子中，我们使用的是黑白图像而不是彩色图像，因此只使用了一个通道。在我们将图像存储到 HDF5 文件之前，所有的数字都要除以 255，这样输入变量的值范围就为 0～1 了，以便以后进行神经网络训练。

为了让你对数据有感性的认识，我们还使用 Plotly 提供了另一个交互式图表功能。在代码中这个功能默认是被关闭的，用以提高速度。但是，对于第一次使用该代码的用户，建议试着打开该功能以查看所下载的数据。

更深入的讨论请参考有关图像处理的书籍。我最喜欢的是马克·S.尼克松（Mark S. Nixon）和阿尔贝托·S.阿瓜多（Alberto S. Aguado）的《计算机视觉特征提取与图像处理（第三版）》一书，因为它侧重于介绍提取我们需要的特征，而不是仅仅阐述理论背景。

但是，该书的缺点是代码并不是用 Python 编写的，不过这是可以接受的，因为学习原理比学习代码更重要。

```
'''***************************************
#3. Go through the tickers
'''
for tkr in tkr_list:
    ...
    #if the ticker has been downloaded, skip the ticket and go for the next one
    ...
    #download and create dataset
    ...
    #sort the date from ascending to descending...
    ...
    #charting interactive chart for viewing the data
    ...
    #calculate mid price of the day
    ...
    #remove the file if there is one
    ...
    #remove the file if there is one
    ...
    #create dataset within the HDF5 file
    #now we create the dataset with a fixed size to fit all the data, it
     could also be create to fit fixed batches
    ...
    #loop through the dates
    for i in range(num_img):
        ...
        #create min and max values for the mid price plot within a given timeframe
        ...
        #in case of low liquidity ETF which has the same price, no graph be drawn
        ...
        #draw the dot on the x, y axis of the input image array
```

```
...
#output the image for visualization
...
#draw the dot on the target image for training
...
#stack up for a numpy for Image Recognition
...
```

2. 设置神经网络

我们遵循 Keras 示例中关于 ResNet 的示范代码, 不对神经网络的设计进行任何更改。我们禁用了批量归一化, 并且 y 轴在给定的窗口大小下已经被归一化了, 因此更进一步的归一化是没有太大意义的。

> 批量归一化要做的是协调当前一批记录在神经网络中能看到的值。如果我们绘制图像时使用了不同的颜色, 则该方法的效果就很好。然而, 由于我们已经对 y 轴上每个数据点代表的价格进行了归一化, 因此不需要采取这种方法, 只有当我们要输入不同比例和分布的数据时才需要采取这种方法。

3. 将数据加载到神经网络中以进行训练

我们先前已经讲到从 HDF5 文件中检索数据, 将其放入第 2 步中刚刚设置的神经网络中。接下来我们将拆分训练集、测试集和验证集。

我们使用一定的 epoch 参数输入神经网络, 这一步花费的时间最多。在训练过程中, 我们会记录下其表现, 以便日后查看。

```
6B_2_TrainCNN.py

'''*********************************
#1. Import libraries and key variable values
'''
'''*********************************
#2. Define functions
'''
def lr_schedule(epoch):
def resnet_layer(inputs,
                 num_filters=16,
                 kernel_size=3,
```

```
                       strides=1,
                       activation='relu',
                       batch_normalization=True,
                       conv_first=True):
def resnet_v1(input_shape, depth, num_classes=10):
def resnet_v2(input_shape, depth, num_classes=10):
```

> 有关设计方面的说明，请参阅 "Deep Residual Learning for Image Recognition" 这篇论文。有关进一步的实现细节，请参阅 Keras 中关于 ResNet 的文档。

以下这段代码本质上的作用是创建两个具有不同结构的神经网络。这里假设我们在数据源中会有相当多的数据输入，只要数据足够多，读者应该就可以体验到更好的性能。

```
#3. Execute the model training
'''
# Computed depth from supplied model parameter n

# Model name, depth and version

# create list of batches to shuffle the data

#check if the prev step is completed before starting

#decide if we should load a model or not

#loop through the tickers

#load dataset saved in the previous preparation step

#start if both file exists:

#calculate number of batches
 #do it at the first one

# Input image dimensions
        # Prepare model model saving directory

        # Prepare callbacks for model saving and for learning rate adjustment

        # loop over batches

            # Run training, without data augmentation
```

```
        # when model training finished for the ticket, create a file to indicate its completion

    # Score trained model
```

4．保存和微调神经网络

最后一步是保存神经网络。在这个例子中，我们根本没有对模型进行微调，对模型进行微调与超参数调优有关，这意味着我们应该对神经网络中的每一个参数进行调优。关于这一点，建议你去看看吴恩达的《机器学习训练秘籍》。在这个例子中，我们并没有实现这一步，但是我们已经在第 3 章中更详细地说明了这一点。

5．加载运行时数据并通过神经网络来运行

神经网络可以再次被加载，并使用新的数据集来运行。然而，在我们的例子中，我们将使用另一个证券来测试这个通用的技术分析机器是否能有效工作。神经网络的输出就是对第二天价格的预测。

在这个程序中，较特殊的数据是策略参数。这一切都始于货币价值。我们将测试 3 种策略：一种是买入并持有，这是基准策略；另外两种策略则是采用不同的价格输出结果来进行交易。

步骤如下。

（1）导入所有必需的库和变量。

```
6B_3_RunCNN.py

'''****************************************
#1. Import libraries and key variable values
'''
#folder path

#date range for full dataset

#Create list of dates

#API key for quandl

#Parameters for the image generation

#model path

#number of channel for the image

#strategies parameter
```

使用 ResNet v2，我们有将近 100 万个参数，同时我们提供了近 300 万条记录，大约相当于 14.5 年×200 个交易日×125 只股票的信息（但有些股票并不具备交易流动性）。

（2）然后，定义将价格点拟合到固定高度图像中的函数。

```
'''**************************************
#2. Define functions
'''
```

（3）获取新数据并运行函数来预测价格。加载股票数据并准备数据，然后运行在训练过程中构建的模型。

```
'''**************************************
#3. Running the test
'''
#Get the data

#write header for the log of the strategy back-testing

#loop through the dates
  #make sure both start and end dates are valid

#prepare the input data

#if no trend, then drop this data point

#stack up for a numpy for Image Recognition
  #print the historical data

#make prediction
#Obtain predicted price
```

6. 根据结果所生成的交易策略来进行盈亏效果分析

我们可以根据一个给定的价格预测结果来建议与之相关的不同操作。

这一步的目标就是根据前文中模型的预测结果来分析交易策略的盈亏效果。

对于任何给定的日期，都只有一个价格预测结果，该预测结果会以一维数组的形式，给出在给定的范围内每个价格点出现的概率。各种策略将处理与预测结果相关的操作。

```
#calculate expected values

#Strategy Back-Testing
  #Benchmark - Strategy 0 - buy and hold

#Testing of strategy1

#Testing of strategy2

#print the final result of the strategies
```

恭喜你！你已经实现了使用计算机视觉模型来进行价格预测。

在现实工作中，可能会有更多由不同模型做出的预测结果，这将提高测试策略的复杂性。因此我们需要一个基准（买入并持有策略）来了解这些策略是否优于市场。如成功的策略应该能够显示更高的损益数据来"跑赢大盘"。

在策略的回溯测试中，我们通常会使用过时的并且不可视的样本。

6.6　本章小结

在本章中，我们学习了许多投资组合管理技术。我们将它们与人工智能相结合，实现了在购买资产时决策过程的自动化。我们还学习了用于构建投资组合的马科维茨的均值-方差组合模型和特雷诺·布莱克模型。另外我们学习了一个使用特雷诺·布莱克模型来构建投资组合的例子，以及如何预测证券的走势。

在第 7 章中，我们将讨论资产管理中的卖方，并将学习情绪分析、投资产品的算法营销、网络分析以及如何提取网络关系。我们还将探讨诸如 NetworkX 之类的技术以及 Neo4j 和 PDFMiner 等工具。

07

第7章
感知市场情绪，
在卖方进行算法营销

在第6章中，我们学习了投资组合管理。我们还学习了一些投资组合管理技术，例如用于构建投资组合的马科维茨的均值-方差组合模型和特雷诺·布莱克模型。另外我们学习了如何预测证券的走势。所以，第6章的内容是基于市场的买方的，它描述了投资经理或资产经理的行为。

在本章中，我们将研究市场的卖方。我们将了解投资经理所对应的一方的行为。卖方是指证券公司/投资银行及其主要业务部门，其业务涉及销售、交易和研究。销售是指对证券进行营销，以告知投资者有可供出售的证券。交易是指投资者用来买卖证券的服务。研究是为帮助投资者评估证券而进行的。作为以客户为中心的银行，其关键职能之一是感知最终投资者的需求和情绪，并根据这些信息做出正确的决策。我们将通过介绍一些概念和技巧来开始本章，并将通过一个例子来说明如何感知投资者的需求。我们还将通过另一个例子来分析年报并从中提取信息。

本章将讨论以下主题。

- 理解情绪分析。

- 利用情绪分析感知市场需求。

- 基于Neo4j的关系网络构建与分析。

7.1　理解情绪分析

情绪分析（更多情况下叫情感分析，但是本书为了匹配市场情绪这个主题，统一叫情绪分析）是一种对上下文信息进行文本挖掘的技术。情绪分析从原材料中识别并提取上下文信息，其可以帮助企业了解人们对它们的产品、证券或资产的看法（情绪）。将人工智能的先进技术用于文本分析领域的深入研究是非常有效的。根据以下概念对交易进行分类是非常重要的。

- 买卖双方关心的证券方面的问题。

- 客户对证券的意向和反应。

情绪分析被认为是极常用的文本分析和分类工具。情绪分析接收传入的消息或交易，并根据与该交易相关联的情绪是积极的、消极的还是中性的来对其进行分类。通过使用情绪分析，我们可以输入一句话，并了解这句话背后的情绪。

现在我们已经了解了什么是情绪分析，下面我们来看看如何利用情绪分析感知市场需求。

7.2　利用情绪分析感知市场需求

证券公司/投资银行在卖方的关键需求之一就是为市场制造相关证券。我们在第 4 章和第 5 章中探讨了公司的基本行为和责任，在第 6 章中了解了投资策略。虽然市场并非总是"理性行事"，但听听市场的"感受"可能会很有趣。这就是我们在本章将要做的事情。

在这个例子中，我们将扮演投资银行在交易大厅的销售人员的角色，进行证券交易。我们想知道人们对证券的喜恶，从而实现向他们推销相关的证券，包括衍生品。我们从 Quandl 获取股票价格数据，从 Twitter 的搜索数据中得出我们的见解。这些数据都需要付费许可，所以当你调试本书配套代码出错时请先确认你已经购买了付费许可。

解决方案及步骤

编程实现获知市场情绪总共有 3 个主要步骤。我们将按照图 7-1 来使用数据。

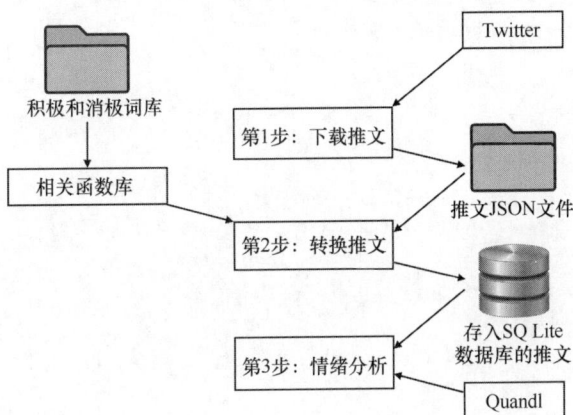

图 7-1

步骤如下。

（1）从 Twitter 下载推文，并将其以 JSON 文件格式保存到本地。

（2）然后读取 JSON 文件，通过统计积极和消极词汇来进行进一步处理，并将其转换为记录输入 SQ Lite 数据库。

（3）从数据库读取市场情绪，并将其与从 Quandl 中检索到的股票价格进行比较。

我们将更详细地阐述这些步骤。

1. 从 Twitter 下载推文

使用 Twitter 搜索商业许可，我们下载 Shalender（Quandl）行业分类定义中同一行业的数据。我们将使用 API 密钥逐一搜索和下载包含或标记有相关公司名称的最新的 500 条推文。所有推文都是以 JSON 格式接收的，看起来就像一个 Python 字典。然后将该 JSON 文件保存到本地计算机上以供进行进一步处理。

相关 Python 示例代码可以通过在 GitHub 上搜索 search-tweets-python 找到，特别是关于身份验证部分的。以下是从 Twitter 下载推文的代码片段。

```
'''***************************************
#1. Import libraries and key variable values

'''
from searchtweets import ResultStream, gen_rule_payload, load_credentials
from searchtweets import collect_results
import json
import os

script_dir = os.path.dirname(__file__)
#Twitter search commerical accounts credential
premium_search_args = load_credentials("~/.twitter_keys.yaml",
                                        env_overwrite=False)
MAX_RESULTS=500 #maximum at 500

#list of companies in the same industry
...


'''***************************************
#2. download tweets of each company

'''
for comp in comp_list:
    ...
```

2. 将下载的推文转换为记录

通过一个简单的语言处理程序来加载和读取这些推文和推文里的链接页面，该程序将统计推文和链接页面正文中的积极和消极词汇的数量。解析后的推文将转换为结构化数据格式，并存储到 SQ Lite 数据库中。

以下是将推文转换为记录的代码片段。

```
'''***************************************
#1. Import libraries and key variable values

'''
import json
import os
import re
import sqlite3
```

```
import 7A_lib_cnt_sentiment as sentiment

#db file
db_path = 'parsed_tweets.db'
db_name = 'tweet_db'

#sql db
...
#load tweet json
...
#loop through the tweets
    ...
    for tweet in data:
        ...
        tweet_txt_pos,tweet_txt_neg = sentiment.cnt_sentiment(tweet_txt)
        keywords,sentences_list,words_list = \
                                        sentiment.NER_topics(tweet_txt)
        ...
        if len(url_link)>0:
            ...
            url_txt = sentiment.url_to_string(url)
            temp_tweet_link_txt_pos, temp_tweet_link_txt_neg = \
                                        sentiment.cnt_sentiment(url_txt)
            link_keywords,link_sentences_list,link_words_list = \
                                        sentiment.NER_topics(tweet_txt)
            ...
```

语言处理程序调用了 3 个函数。一个用于计算积极和消极词汇的数量，一个用于查看相关主题，一个用于检索推文中给定 URL 的正文文本。

以下是定义程序所要使用的函数的代码片段。

```
import os
import requests
from bs4 import BeautifulSoup
import re
import spacy
import en_core_web_sm
nlp = en_core_web_sm.load()

...
#cal the positive and negative sentiment words given the text
def cnt_sentiment(text_to_be_parsed):
    ...
```

```
def noun_phrase(sentence,item_list,lower):
    ...
#NER
import spacy
from spacy import displacy
from collections import Counter
import math

#text has to be less than 1000000
def NER_topics(text_to_be_parsed):
    ...
    MAX_SIZE =100000
    ...
    for nlp_cnt in range(number_nlp):
        start_pos = nlp_cnt*MAX_SIZE
        end_pos = min(MAX_SIZE,txt_len-start_pos)+start_pos-1
        txt_selected = text_to_be_parsed[start_pos:end_pos]
        ...
        sentences_list = [x for x in article.sents]
        full_sentences_list+=sentences_list
        for sent in sentences_list:
            phrases_list =[]
            phases_list,items_list = noun_phrase(sent, items_list, \
                                                    lower=True)
    ...

#convert the URL's content into string
def url_to_string(url):
    ...
```

3．进行情绪分析

另一个程序（7A_3_run_sentiment_analysis.py）将读取存储、解析后的推文的数据库，它将对每一条记录的情绪通过按日汇总来表示。它根据积极情绪推文数量和消极情绪推文数量计算最终的情绪得分，情绪得分的范围应为−1～+1，其中−1 表示完全消极，+1 表示完全积极。每日情绪得分为该证券当日所有推文情绪得分的平均值。同行业所有证券的情绪得分都将绘制在一个图表上，如图 7-2 所示。

假设我们要对图 7-2 中 10 月 29 日至 10 月 30 日这段时期的股票市场情绪进行分析，可以发现 Dominion Engergy Inc 这只股票的市场情绪得分最高。

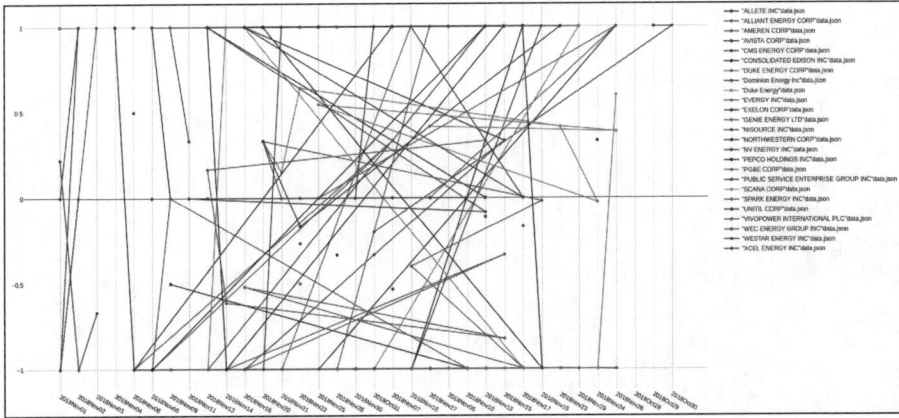

图 7-2

　　然后，我们再深入研究 Dominion Energy Inc 这只股票，发现它的市场情绪的输出结果如图 7-3 所示。

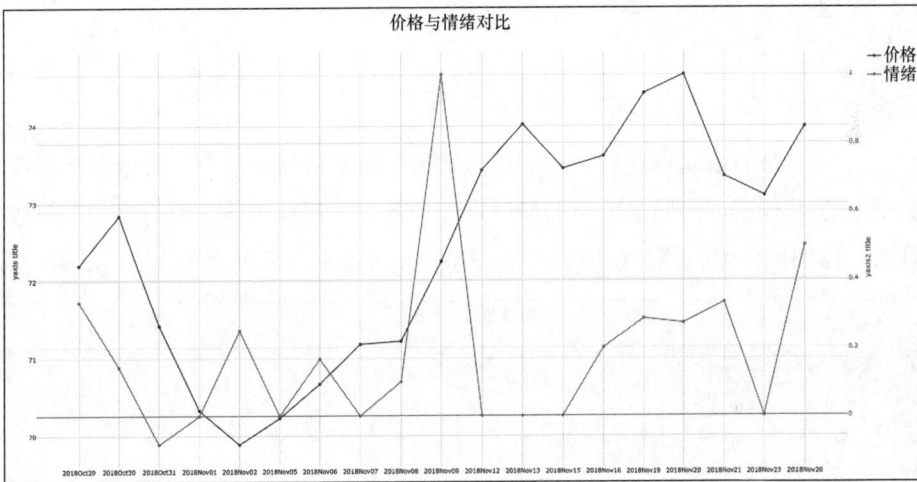

图 7-3

橙色线代表情绪，蓝色线代表价格（请参考本书配套源代码图片包中提供的彩图）。

以下是情绪分析的代码片段。

```
'''******************************
#1. Import libraries and key variable values

'''
import sqlite3
```

```
import pandas as pd
import plotly
import plotly.graph_objs as go
import quandl
import json

# Create your connection.
db_path = 'parsed_tweets.db'
cnx = sqlite3.connect(db_path)
db_name = 'tweet_db'

'''****************************************
#2. Gauge the sentiment of each security

'''
...
sql_str = ...
...
print('Sentiment across securities')
field_list = ['positive','negative']
for sec in sec_list:
    ...
```

在得到每只股票的情绪得分后,我们还想知道情绪对价格的预测能力或影响程度。这里的当天股票价格是根据当天股票价格的最高点和最低点计算得出的。我们将为每只股票绘制图表以比较一段时间内的情绪和价格。图 7-4 所示为 PG&E 这只股票的价格与情绪的对比。

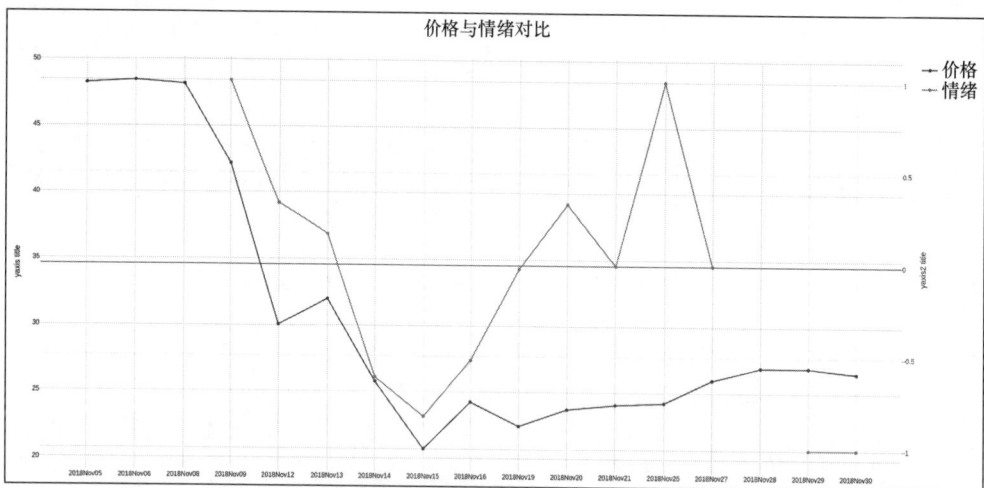

图 7-4

以下是比较每日情绪和每日价格的代码片段。

```
#run it on different companies
print('Retrieve data')
df_comp = pd.read_csv('ticker_companyname.csv')
corr_results={}

for index, row in df_comp.iterrows():
    tkr = row['ticker']
    name = row['name']

    target_sec = '"'+name +'"data.json'
    corr_result = price_sentiment(tkr,target_sec,date_range)
    try:
        corr_results[name]=corr_result['close'][0]
    except Exception:
        continue

f_corr = open('corr_results.json','w')
json.dump(corr_results,f_corr)
f_corr.close()
```

恭喜你！你已经开发出一个程序来协助销售人员寻找热门证券，帮助这些热门证券开发相关的投资产品。

从我们所看到的情况来看，将这个例子与前文技术分析的例子相比较，可以看出情绪的信息价值远远高于技术分析的价值。到目前为止，我们只关注了走势、基本面和情绪的主要影响，然而，公司与我们的社会是密切关联的。

那么，我们如何对公司和社会之间的联系进行建模呢？这就引出了下一个话题——关系网络分析。

7.3　基于 Neo4j 的关系网络构建与分析

作为卖方分析师，除了要找出消息对公司的主要影响外，还要找出消息对公司的次要影响。在我们的例子中，我们将通过消息找出股票相关消息的供应商、客户和竞争对手。

我们可以使用 3 种方法来实现这一点。

- 通过年报等直接披露的方法。

- 通过二手资料来源（媒体报道）推断。

- 通过行业推断（例如，石油行业等原材料行业为运输行业提供产出）。

在本书中，我们将以公司直接披露年报来演示。

我们扮演的角色是公司股票的股权研究员，我们的其中一项重要工作就是了解关联方与公司的联系。我们通过阅读杜克能源公司的年报，来寻找该公司的关联方。

解决方案

总共有 4 个步骤。图 7-5 所示为其数据流。

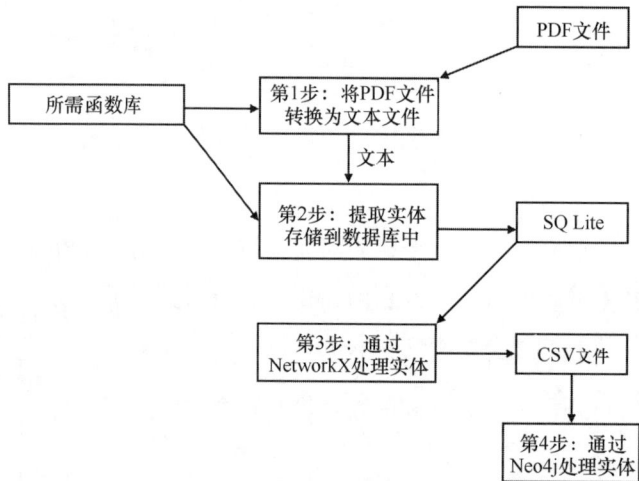

图 7-5

我们将详细地阐述这些步骤。

1. 使用 PDFMiner 从 PDF 文件中提取文本

我们需要从文本文档中提取关系。在开始处理文本之前，我们需要将 PDF 文件转换为文本。为此，我们使用一个名为 PDFMiner 的库（该库是面向 Python 3 的；对于 Python 2，则要使用 pdfminer.six）。PDF 文件是描述文档的一个开放标准，它存储行、文本、图像及它们在文档中的确切位置。我们将只使用 PDFMiner 中的一个基本函数来提取文本。虽然我们可以提取文本的坐标，但是为了简化我们的工作，我们还是跳过了这个步骤。提取文本后，我们将所有行全部附加到一个超长行中。

以下是导入必要的库并初始化要处理的 PDF 文件的代码片段。

```
'''*****************************
#1. Import relevant libraries and variables

'''
#custom made function
import 7B_lib_entitiesExtraction as entitiesExtraction
import 7B_lib_parser_pdf as pdf_parser
import json
import sqlite3

pdf_path = 'annualrpt/NYSE_DUK_2017.pdf'
...
```

2. 实体提取

我们采用一种名为词性（Part-of-Speech，POS）标注的语言分析方法来判断词 X 和 Z 是公司还是个人，Y 是产品还是服务。程序是通过句子结构推导出这些词是名词的，而不是因为程序知道 X、Y 和 Z 是什么。

实体是指独立的主体或客体。由于实体太多，因此如果显示实体名称的全称，那么用户体验会比较差，故使用简称来将与我们工作相关的唯一组织或资产标记为实体。

我们使用 spaCy 官网自带的模型，这些模型中的实体类型和简称包括 ORG（组织）、PERSON（人员）、FAC（设施）、NORP（国籍、宗教或政治团体）、GPE（地理政治实体）、LOC（位置）和 PRODUCT（产品）。

从步骤 1 获取 PDF 文本之后，我们通过 spaCy 从每个句子中提取实体。我们将每个句子的实体以及实体类型存储到数据库记录中。spaCy 对它所分析的文本长度有一个技术上的限制，因此，我们需要将非常长的文本切割成不同的块以克服这个技术限制。然而，这也带来了会在文本的截止点切割掉句子的代价。考虑到我们要处理数百页的文本，我们将走"捷径"。当然，最好的切割方式是在尊重标点符号的前提下，围绕文本进行大致切割，以保留完整的句子。

以下是提取各种实体的代码片段。

```
'''*************************************
#2. NLP

'''
#Named Entity Extraction
print('ner')
#see if we need to convert everything to lower case words - we keep the
original format for this case
lower=False
common_words, sentences, words_list,verbs_list =
entitiesExtraction.NER_topics(text,lower)
entities_in_sentences = entitiesExtraction.org_extraction(text)
...
#create this list to export the list of ent and cleanse them
...
print('looping sentences')
for sentence in entities_in_sentences:
    ents_dict[sentence_cnt] = {}
    for entity in sentence:
        if ent_type in( 'ORG','PERSON','FAC','NORP','GPE','LOC','PRODUCT'):
            ...
        #handle other type
        ...
```

> 通过词库进行实体分类：对于我们的用例，我们需要进一步将实体划分为供应商、客户、竞争对手、投资者、政府或姐妹公司/资产。例如，作为公司信贷投资者的银行将首先被归类为银行，然后在公司的年报中被推断为公司的信贷投资者/银行家。因此，有些关系需要我们对照数据库进行检查才能进一步分类。要获得这样的信息，我们需要下载相关的数据库。在我们的例子中，我们要从维基百科下载银行的名单。只有当我们对照银行名单检查后，我们才能把这个实体归类或不归类为银行。实际上我们并没有在我们的例子中执行这一步，因为我们还没有用于银行分类的词库。

3. 通过 NetworkX 处理实体

处理完数据之后，实体将存储在 SQL 数据库中，然后用 NetworkX（一个处理关系网络数据的 Python 包）来进一步分析。边和节点是任何图结构的构造基础，但是，还有更多的指标可用于度量、描述图以及节点和边在图中的位置。对于我们现在的工作来说，重要的是看这些节点是否连接到所关注的公司，以及它们的连接类型。

经过 NetworkX 处理完之后，图数据还是很抽象的。因此我们需要用更好的交互式软件来查询和处理图数据。我们将图数据输出为 CSV 文件，以供 Neo4j 进一步处理，因为 Neo4j 提供了与图数据交互的用户界面。

Neo4j 是一个成熟的图数据库，可以用于处理复杂的关系结构。然而，现在距离使用 Neo4j 还很远，因为还需要很多时间来清理数据集和定义所涉及的关系类型。

我们必须要在公司年报中提及的实体与数据库中存储的实体之间建立关系。在我们的例子中，我们只提取人和组织作为实体。对于关系类型（边），我们将不再进一步区分不同的边类型。

定义完关系网络结构之后，我们准备一个存储节点和边的列表，并通过 Matplotlib 生成一个图形，但是 Matplotlib 本身并不足以进行操作或可视化。为此，我们将 NetworkX 中的数据输出到两个 CSV 文件中，一个文件存储节点，另一个文件存储边。

以下是生成实体关系网络的代码片段。

```
'''****************************************
#1. Import relevant libraries and variables

'''
#generate network
import sqlite3
import pandas as pd
import networkx as nx
import matplotlib.pyplot as plt

#db file
db_path = 'parsed_network.db'
db_name = 'network_db'

#sql db
conn = sqlite3.connect(db_path)
c = conn.cursor()

...

network_dict={}
```

```
edge_list=[]
curr_source =''
curr_entity = ''
org_list = []
person_list = []

'''****************************************
#2. generate the network with all entities connected to Duke Energy - whose
annual report is parsed

'''
target_name = 'Duke Energy'
#loop through the database to generate the network format data
for index, row in df_org.iterrows():
    ...


#Generate the output in networkX
print('networkx')
#output the network
G = nx.from_edgelist(edge_list)
pos = nx.spring_layout(G)
nx.draw(G, with_labels=False, nodecolor='r',pos=pos, edge_color='b')
plt.savefig('network.png')
```

4. 通过 Neo4j 处理实体

我们现在将介绍安装 Neo4j 并导入前文的 CSV 文件，在 Neo4j 图数据库中构建关系网络。遗憾的是，Neo4j 本身需要另一种编程语言来操作它的数据，这种编程语言叫 Cypher。通过 Cypher 可以提取和搜索我们需要的数据。

我们首先要生成 Neo4j 所需要的文件。以下是初始化 Neo4j 的代码片段。

```
#Generate output for Neo4j
print('prep data for Neo4j')
f_org_node=open('node.csv','w+')
f_org_node.write('nodename\n')

f_person_node=open('node_person.csv','w+')
f_person_node.write('nodename\n')

f_vertex=open('edge.csv','w+')
f_vertex.write('nodename1,nodename2,weight\n')
...
```

我们通过命令行终端将上面输出的文件复制到 Neo4j 的主目录中。以下是要在命令行终端执行的命令。

```
sudo cp '[path]/edge.csv' /var/lib/Neo4j/import/edge.csv
sudo cp '[path]/node.csv' /var/lib/Neo4j/import/node.csv

sudo service Neo4j restart
```

我们通过浏览器来登录 Neo4j。以下是通过浏览器登录 Neo4j 的 URL。

```
http://localhost:7474/browser/
```

以下是用来构建图数据库的 Neo4j Cypher 的示例代码片段。

```
MATCH (n) DETACH DELETE n;

USING PERIODIC COMMIT
LOAD CSV WITH HEADERS FROM "file:///node.csv" AS row
CREATE (:ENTITY {node: row.nodename});
CREATE INDEX ON :ENTITY(node);


USING PERIODIC COMMIT
LOAD CSV WITH HEADERS FROM "file:///edge.csv" AS row
MATCH (vertex1:ENTITY {node: row.nodename1})
MATCH (vertex2:ENTITY {node: row.nodename2})
MERGE (vertex1)-[:LINK]->(vertex2);

MATCH (n:ENTITY)-[:LINK]->(ENTITY) RETURN n;
```

图 7-6 所示为输出结果。

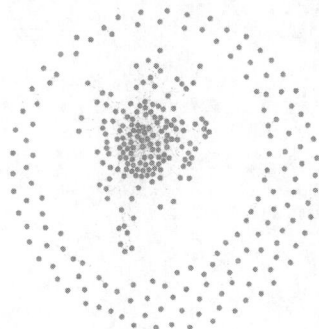

图 7-6

恭喜你！你已经成功地从年报中提取了许多重要的名字/第三方信息，你需要重点研究它们以便进行进一步分析。

7.4　本章小结

在本章中，我们研究了市场的卖方行为。我们学习了什么是情绪分析以及如何使用它。我们还学习了一个使用情绪分析来感知市场需求的例子，并学习了使用 Neo4j 图数据库进行关系网络构建与分析。另外我们学习了使用 PDFMiner 工具进行文本挖掘。

在第 8 章中，我们将学习如何使用银行 API 构建个人财富顾问机器人。个人银行业务将是第 8 章的重点。我们还将学习如何访问开放银行项目来检索财务健康数据，并将在第 8 章中学习文档布局分析。让我们马上开始吧！

08

第 8 章
使用 API 构建
个人财富顾问机器人

在第 7 章中，我们分析了市场中卖方的行为。我们还学习了情绪分析，并学习了如何使用情绪分析来感知市场需求，从而对该主题有了深入的了解。另外我们学习了使用 Neo4j 图数据库进行关系网络构建与分析。我们使用 Neo4j 构建并存储了一个与证券交易相关的关系网络。

在本章中，我们将重点介绍个人银行业务，并了解管理客户数字数据的需求。然后，我们将学习开放银行项目，它是一个开放银行的开源平台。之后，我们将学习一个通过 API 包装人工智能模型的示例。接着，我们将学习文档布局分析。

我们将在本章中介绍以下主题。

- 管理客户的数字数据。

- 开放银行项目。

- 文档布局分析。

- 使用开放银行 API 预测现金流。

- 使用发票实体识别记录日常开支。

让我们开始吧！

8.1 管理客户的数字数据

在这个数字化的时代，银行需要满足客户想随时知道自己的资金流向的需求，并能够保证 7×24 小时地完成实时转账，这些已经成为客户的基本需求。消费者有权获得他们的数据，因为这些数据代表了他们的身份。不管是否可能，我们都应该整合我们自己的数据。现实地说，这点应该会在现在和未来几年内发生。最好将我们的数据（例如飞行常客里程）整合到一个地方。关键点在于，应该有两层数据体系结构：一层用于整合（包括存储）；另一层用于运行人工智能服务，这些服务将令客户能够通过智能设备（又称移动应用程序）来分析数据。

在不了解数据整合层发生了什么的情况下设计人工智能算法可能会很痛苦。

在这里，我们的数据源可以是身份数据、生物/心理测量数据、财务数据、可能影响任何静态数据的事件，以及代表我们与他人关系的社会数据等。事实上，这与企业对企业（Business-to-Business，B2B）环境非常相似。在 B2B 环境下，任何公司都可以通过其法律身份、股东/所有权结构、财务状况、事件以及商业关系来体现，如第 7 章所述。这也意味着我们在本章中所学的内容将有助于你理解前文的内容。

然而，对于所有个人，包括你在内，我们的财务需求是相当基本的，包括付款、信贷和财富管理。这些就是金融业务的核心活动。保险是财富的一部分，因为它旨在保护我们的财富免遭不良事件和风险的影响，就像第 2 章中介绍的对冲采购成本风险的衍生工具一样。

不过，我也认为，来自消费者的数据也属于处理交易的银行所有。这就像为人父母一样，所有关于数据的决策（父母的孩子）都是在数据所有者（消费者）和数据生产者（银行）之间达成一致的。现在所缺乏的是能够快速将数据和使用这些数据所产生的经济效益分配给某些经济活动的技术，例如市场营销。例如某个公司（例如超市）向社交媒体（例如 Facebook 和 Twitter 等）支付费用以获取用于营销目的的消费者数据，在这个例子中，数据所有者将获得部分经济利益。而如果没有数据技术的进步，这将成为空想。

8.2 开放银行项目

世界上较先进的允许个人整合自己数据的是开放银行（Open Bank）项目。开放银行项目于 2016 年在英国启动，其遵循欧洲的 PSD2，即修订后的支付服务指令。开放银行项目改变了银行的竞争格局，打破了利用银行信息进行财务咨询的准入门槛。这使得机器人顾问成为一项可行的业务，因为银行所拥有的金融数据不再是孤立的。

开放银行项目的挑战在于，现有的占主导地位的银行几乎没有动力对外公开数据。在个人银行业务方面，数据整合进度缓慢影响了这一互联的金融数据网络对银行服务的经济价值。这点符合梅特卡夫定律，该定律指出，网络的价值等于所连接用户数量的平方（在我们的例子中，用户则为银行）。表 8-1 使用博弈论分析了这种情况，假设在市场上只有两家开展个人银行业务的银行，则可能会产生 4 种结果。

表 8-1

行列交叉单元格的值 = A 银行的收益/ B 银行的收益/个人的收益	B 银行：提供了开放银行 API	B 银行：没有提供开放银行 API
A 银行：提供了开放银行 API	0.5/0.5/2	0.5/1/1
A 银行：没有提供开放银行 API	1/0.5/1	1/1/1

对于现状（没有任何银行提供开放银行 API），我们假设 A 银行和 B 银行都将享受 1 单位的收益，而个人也将拥有 1 单位的收益。

任何一家银行要开发开放银行 API，就需要消耗其 0.5 单位的收益。因此，我们还将会有两个单元格，表示 A 银行或 B 银行之一开发了开放银行 API，而另一家银行则没有开发。开发了开放银行 API 的那家银行收益将更少，因为要从原来 1 单位收益中拿出 0.5 单位收益作为资源来维护 API。而且在这两个单元格中，我们可以发现个人还是无法享受到任何额外的收益，因为数据并没有得到整合。

只有在所有银行都开发开放银行 API 的情况下，个人才会享受到更多的收益（还是采用前面 1 单位的假设，所以个人将总共有 2 单位的收益，这只是随意假设，并不精确），而两家银行的收益都更少。但是，这时整个市场的效率将更高。这就是在英国发生的关于虚拟银行的事情——由于这一举措，一个新的细分市场已经建立起来了！

因此，最终所有银行都可以获得更多收益。话虽如此，但大多数现有银行所面临的现实情况是必须要维护两套银行服务：一套是完全虚拟的，而另一套作为银行业务渠道仍然是实体的、不可扩展的。或许未来的出路是在现有银行业务渠道之外再建立一个银行业务渠道，并将客户迁移到那里。

由于目前还没有达到真正的理想状态，因此此刻要构建一个数字化的用户画像，需要包括但不限于以下数据：来自英国的开放银行项目中关于金融交易的数据，通过欧盟的 Digidentity 进行身份验证的数据，新加坡 IHiS 存储的健康记录数据，来自 Facebook、Twitter、Instagram 和 LinkedIn 的事件和社交数据，保险公司的人寿事件记录数据等。简而言之，在合并这些数据之前，我们仍然需要对每个相应的系统展开工作。

8.2.1　手机 App——使用 Flask 和 MongoDB 构建 API

你的手机 App 将会变成个性化的私人银行家：银行将通过手机 App 与市场和你互动。在手机 App 中，核心模块包含持有模块以及用户交互模块。持有模块将处理用户的投资，而用户与银行之间的交互则由用户交互模块来处理和连接。

持有模块通过管理投资组合和捕获各种市场数据来处理投资的量化问题。这正是我们在前两章中所涉及的内容，但前两章是在投资银行业务层面上讨论的，而本章是在个人银行业务层面上讨论的。不同之处在于，我们需要通过在用户交互模块中捕获到的行为数据来更好地了解用户。持有模块是手机 App 中的"认知大脑"。

当然，用户交互模块提供了 App 与用户之间交互的界面——可通过它来收集用户对投资和交互的偏好。这些投资偏好都包含在 IPS 中。然后，行为分析器将处理这些数据，分析用户喜欢的沟通时间、沟通渠道和信息，以及用户的实际个性和风险偏好这两种财务行为。这两方面的数据来自外部的数据馈送或是从用户使用设备生成的数据中获取的。最后，通信渠道通过语音、文字或可能通过物理机器人来进行物理交互。

这很好地概括了我们在第 1 章中提到的，关于人工智能的定义，人工智能是指一种像人类一样思考和行动的机器，无论是理性上还是情感上的，或者两者兼而有之。持有模块就好像是人类的理性大脑，它在市场中采取相应的行动；而情绪则由用户交互模块来处理，行为分析器理解它们并通过通信渠道进行交互。

图 8-1 所示为上面所讲的市场和用户在银行业务上的交互（还包括"性能监控""用户日志"等用户看不到的底层模块）。

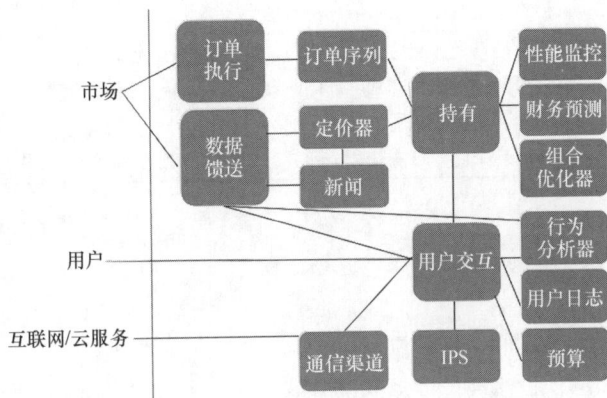

图 8-1

由于持有模块的投资过程和我们已经在前面两章中讨论的内容相似，因此在这里，我们将更多地介绍用户交互模块。具体来说，我们将更深入地了解 IPS，它记录了用户的投资需求。

8.2.2 了解 IPS

我们将从这里开始研究个人 IPS。为此，我们需要收集数据，为单个客户建立 IPS。

以下是为一个家庭建立的 IPS 内容。

回报和风险目标如表 8-2 所示。

表 8-2

回报和风险目标	备注
回报目标	由投资者输入，并通过行为分析器进行个性分析
承担风险的能力	由投资者输入，并通过行为分析器进行个性分析
承担风险的意愿	由投资者输入，并通过行为分析器进行个性分析

限制条件如表 8-3 所示。

表 8-3

限制条件	备注
流动性	资产的流动性可以通过资产的价值、价格等相关数据得出
时间范围	为孩子们的未来做计划，如他们的学业（住在哪里和在哪所学校、学费多少等）、住房、工作、退休等
税收（此处限定为美国公民）	通过相关身份系统获取相关数据[①]
法律和监管环境	这可能与商业交易、公民身份、就业和居住限制相关。 你可能还需要考虑管理你的财富的法律实体，例如家族信托
客户个人信息	客户的兴趣和个人信息是不能公开的，包括社交媒体或医疗档案等，这些信息会与标准客户不同。这需要在不同客户之间进行匿名比较，以提供真实、个性化的情况信息

8.2.3　行为分析——支出分析

与第 2 章类似，我们将预测市场的日常现金流。由于大多数情况下收入都是每月固定的（大多数人是拿薪水工作的），因此唯一能变动的部分就是支出了。在支出中，可能会有购买食品、杂货之类的日常支出，也可能会有购买家电甚至汽车等非日常支出。对于要记录和预测日常支出习惯以及非日常支出习惯的计算机来说，较实际的方法就是在这些习惯发生时将其有效地记录下来。

8.2.4　通过 API 对外提供人工智能服务

虽然第 6 章中介绍的投资组合优化模型非常棒，但本章讨论的关键技术将会演示如何包装人工智能模型并通过 API 将其提供给用户调用。至于建模方面的技术、技巧，在本章中，我们将不会再讲解任何新内容。

8.3　文档布局分析

在文字处理程序中（如 Word），我们必须手动定义关于标题以及层次结构中不同级别的

---

① 译者注：这点与美国文化关联太密切了，一般要在美国工作和生活过才能理解。读者如果无法理解也可以忽略，毕竟不影响对本章主要内容的理解。

词，例如标题级别 1、标题级别 2、正文、段落等。在机器学习中，有一个学科叫文档布局分析，它是研究人类如何理解文档的。它包括计算机视觉、自然语言处理和知识图谱。它最终的结果是交付一个本体①，通过它可以以自动化的方式像手动方式一样在文档中进行导航。

而句子、单词、字母、像素等是不需要人类去手动定义的。然而，当我们处理通过相机或扫描仪获得的图像时，最低级别的数据是像素，因此我们就从处理像素开始吧。

8.3.1 文档布局分析步骤

在本小节中，我们将学习如何进行文档布局分析，步骤如下。

（1）从像素形成字符：这种将像素转换成字符的技术被称为 OCR。这方面的具体技术实现有很多，比如 MNIST 数据集和 Tesseract。

（2）图像旋转：若图像未按照正确的垂直方向放置，则可能会给人们的阅读带来困难。当然，在这一领域的最新研究似乎令我们不用考虑这个问题。

（3）从字母形成单词：人类不需要在这一步花费任何额外的时间，因为人类自己就可以很轻松地做到这一点。人类是如何知道一个字母应该和其他字母结合起来形成一个单词的呢？人类是从空间距离中知道这一点的。但是字母之间的距离是不固定的，那么我们如何教计算机去理解这种空间距离呢？这也许也是大多数阅读障碍患者所面临的挑战吧。计算机在默认情况下也患有"阅读障碍"。

（4）从单词中构建语义：这就要求我们要知道文档的主题和单词的拼写，这些有助于我们查阅各种词典、了解文档的内容。学习（就本书的深度学习而言）可能只是一个与教育相关的主题，但是我们之所以没有误解它并且知道它指的是深度学习，是因为我们知道本书是 Packt 公司出版的一本机器学习书籍，而 Packt 可能是你过去就知道的一家出版公司的名字。否则，仅仅通过 Packt 这个词，我们可能会猜测本书是与一家包装公司（PACK-t 公司）有关的。另外，我们还可以从标签词中得出线索。步骤（3）本身看起来就像是对词进行标注，在其右侧介绍了实际内容。

---

① 本体（ontology）是语义网中的一个概念，它是一份正式定义名词之间关系的文档或文件。

　　将单词分类为各种通用类型的实体会对你有所帮助，例如日期、序列号、美元金额、时间等。这些都是我们通常在开源领域（例如 spaCy）所看到的通用实体类型。

　　关于单词组成的空间距离方面，我们通常会对较长的单词给予更多的关注，而较少留意较短的单词。单词在文档中的位置也很重要。例如，阅读英语文章时，我们通常是从上到下、从左到右阅读的。而对于其他一些语言的文章，我们需要从右到左、从上到下阅读，例如古汉语文章。

8.3.2　使用 Gensim 建立主题模型

　　在我们的主题模型示例中，我们将重点关注步骤 4 以控制本书的篇幅。我们认为步骤 1～3 的准备工作是理所当然的，并且可跳过步骤 5 和步骤 6。我们将假设要使用的数据集图像已经被清理、旋转和 OCR 过了，包括从字母形成单词这一步。我们拥有的是一个数据集，每条记录由一个文本块表示，该文本块包含多个单词。Gensim 则专注于跟踪文本中的名词。

8.3.3　Word2Vec 的向量维数

　　Word2Vec 可根据单词的不同特征来定义单词，每个单词的特征值是由出现在同一个句子中的单词之间的距离来定义的。它的目的是量化概念和主题之间的相似度。在我们的 Word2Vec 示例中，我们将介绍使用预训练模型将文本分割为词组。但是，对于每个文本块，可能会涉及多个值。在这种情况下，一系列的向量将被压缩成一个值，这个值称为特征值。当我们想要减少变量的特征（维度）数量时，我们将使用这个简单的方法来进行降维。另外要提到的是，常见的降维方法主成分分析（简称 PCA），它主要用于标量，而不是向量。在我们的例子中，假设每个单词表示为一个向量，一个包含两个单词的文本块将表示为一个由两个向量组成的矩阵。因此，对于这个例子，PCA 可能不是一个理想的解决方案。

　　在解释代表单词主题的向量时，分析所涉及的维度非常重要，因为每个维度代表一个语义/语义组。在我们的 Word2Vec 示例中，我们将跳过该步骤，以避免在有意义的提取过程中引入太多维度。这意味着出于演示目的，我们的示例的特征空间会更小。

8.4 使用开放银行 API 预测现金流

未来，我们将需要通过机器人顾问来了解我们的需求。其中基本的一步是能够跨银行提取我们的财务数据。在本例中，假设我们是居住在英国的某美国个人银行业务的客户。我们正在制定一个四口之家的财富规划，包括一对已婚夫妇和两个孩子。本例将使用机器人顾问来为我们执行所有的财务活动。

我们将通过开放银行 API 检索所有必要的交易数据，然后通过开放银行 API 来预测我们的支出。我们将使用遵循开放银行项目指定格式的模拟数据，并将专注于构建财富规划引擎，而不会深入研究任何软件技术。本例所使用的家庭财务状况数据是基于从美联储获得的美国家庭财务状况相关数据。

表 8-4 所示为比较典型的美国家庭财务数据，这些数据有助于我们了解个人银行业务的总体需求。

表 8-4

收入/支出（大类）	收入/支出（小类）	数值/千美元	数据来源（OBS）
收入	工资（工薪阶层）	102.7	每月最大的固定收入——每月固定工资
生活开支	每年开支	57.3	从信用卡、储蓄和活期账户中检索出的所有交易
	偿还债务	10	与债务账户有关的交易
资产净值		97	
资产	金融资产	23.5	股票账户的金额。该金额不会体现在 401k 养老计划中
	非金融资产	158.9	Zillow 提供的房屋估价
负债	买房按揭贷款	59.5	债务账户的尚未偿还余额
	汽车贷款和教育债务	32.8	包括汽车贷款的尚未偿还余额、向国家借的学生贷款、向商业机构借的学生贷款

涉及的步骤

要使用开放银行 API，我们需要执行以下步骤。

（1）注册账号以使用开放银行 API。

（2）创建和下载必要的数据。

（3）创建一个 NoSQL 数据库来存储这些数据。

（4）设置用于预测的 API。

让我们开始吧！

1．注册账号以使用开放银行 API

我们有多种方式可用于访问开放银行项目，在本例中我们将通过在开放银行项目官网注册账号这种方式来使用开放银行 API。

2．创建和下载必要的数据

该部分代码可以在 GitHub 中搜索 Hello-OBP-DirectLogin-Python 来下载。我们修改了一下 hello_obp.py 文件，以下载必要的数据。使用以下代码片段来下载必要的数据。

```
# -*- coding: utf-8 -*-

from __future__ import print_function # (at top of module)
import sys
import time
import requests



# Note: in order to use this example, you need to have at least one account
# that you can send money from (i.e. be the owner)
# All properties are now kept in one central place

from props.default import *



# You probably don't need to change those
...
```

```
#add the following lines to hello-obp.py before running it
#add lines to download the file
print("")
print(" --- export json")
import json
f_json = open('transactions.json','w+')
json.dump(transactions,f_json,sort_keys=True, indent=4)
```

3．创建一个 NoSQL 数据库来存储这些数据

我喜欢使用 MongoDB，因为它能够以分层的方式导入 JSON 文件，而无须预先定义结构。尽管我们将要以 SQL 数据库格式存储 NoSQL 文件（正如我们在第 7 章中所介绍的那样），但每当我们需要使用机器学习模型运行预测时，在运行预测之前对下载的数据进行物理缓存还是很有用的。

既然如此，你可能会想知道为什么我们需要将 JSON 文件存储在 NoSQL 数据库中以达到我们的目的。我们不能像第 7 章处理推文数据那样存储它吗？不能！因为我们将要存储无限天数、数以万计的 JSON 文件，而不是像第 7 章介绍的那样批量下载那么少的数据。为了更快地检索，我们需要使用数据库。这还取决于我们希望下载数据的频率，如果我们希望每天更新数据库，我们可能就不需要将 JSON 文件存储在 NoSQL 数据库中了，到时按需下载即可，因为我们并没有太多的 JSON 文件需要处理。但是，如果我们需要查询数据或者需要不断地往训练集中添加新的特征，那么最好将原始数据存储到我们的数据库中而不是到时按需下载。

以下是建立与 MongoDB 服务器的连接的代码。

```
from pymongo import MongoClient
import json
import pprint

#client = MongoClient()
client = MongoClient('mongodb://localhost:27017/')
db_name = 'AIFinance8A'
collection_name = 'transactions_obp'

f_json = open('transactions.json', 'r')
json_data = json.loads(f_json)
```

```
...

#to check if all documents are inserted
...
```

以下是创建数据库的代码。

```
#define libraries and variables
import sqlite3
from pymongo import MongoClient
import json
from flatten_dict import flatten

client = MongoClient('mongodb://localhost:27017/')
db_name = 'AIFinance8A'
collection_name = 'transactions_obp'

db = client[db_name]
collection = db[collection_name]
posts = db.posts

...

#flatten the dictionary
...

#create the database schema
#db file
db_path = 'parsed_obp.db'
db_name = 'obp_db'

#sql db
...
sqlstr = 'drop table '+db_name
...
print('create')
...
#loop through the dict and insert them into the db
...

for cnt in dict_cnt:
    ...
    for fld in tuple_fields_list:
        ...
```

```
...
sqlstr = 'insert into '+ db_name+ '(' + str(fld_list_str)+') VALUES \
                                ('+question_len[1:]+')'
...
```

4．设置用于预测的 API

要对支付进行预测，我们需要知道我们想要建立什么样的预测模型。我们是需要时间序列模型还是机器学习模型呢？当然，我们希望有一个能提供更多信息的模型。

在我们的示例中，我们没有为此准备任何模型，因为我们使用的模型与我们在第 2 章中使用的模型相似。本节的主要内容是如何设置 API 服务器程序以及另一个客户端应用程序如何使用 API。这两个程序是需要同时运行的。

服务器程序会监听请求，并根据请求去执行预测部分的代码。这里我们只简单地加载模型而不进行任何预测。以下是开放银行 API 服务器接口的代码片段。

```
#Libraries
from flask import Flask, request, jsonify
from sklearn.externals import joblib
import traceback
import pandas as pd
import numpy as np

# Your API definition
app = Flask(__name__)

@app.route('/predict', methods=['POST'])
def predict():
    ...

#Run the server
if __name__ == '__main__':
    ...
```

以下是客户端应用程序创建请求的代码片段。

```
import requests

host = 'http://127.0.0.1:12345/'

r = requests.post(host+'predict', json={"key": "value"})
print(r)
```

恭喜你！你已经建立了一个可以读取银行数据的机器人，并构建了人工智能模型，使机器人能够用这个人工智能模型去使用这些数据。

对于一个家庭来说，减少开支对增加其现金流是至关重要的。在 8.5 节中，我们将学习如何使用发票实体识别记录日常开支。

8.5 使用发票实体识别记录日常开支

虽然我们一直梦想通过人工智能在金融业实现全面的数字化，但现实情况是，有些数据还是只能停留在纸质文件上，没有实现数字化，例如开支的发票。通常，这些开支的发票是纸质形式的，不能通过 API 调用。如果我们要把金融业转变成一个完全数字化的世界，我们所有的信息都存储在 JSON 文件或 SQL 数据库中，那么处理纸质文件将是不可避免的。我们将使用一个基于纸质文档数据集的示例来演示如何为发票实体提取模型构建引擎。

在本例中，我们假设你正在开发自己的引擎来扫描发票并将其转换为结构化的数据格式形式。但是，由于缺少数据，你需要先下载图像数据集（可以通过 Microsoft Bing 搜索 "Machine Learning Lab - Ghega dataset" 来下载）。在这个数据集中，包含图像、文本块和我们要从中提取的目标结果。

这被称为实体识别（又名命名实体识别、实体提取、实体抽取）。这里的挑战是这些发票并不是标准格式的。不同的商家可能会开出不同大小和格式的发票，但人类仍然能够理解视觉线索（字体大小、线条、位置等）、单词和与单词相关的信息（称为标注或者标签）。

涉及的步骤

我们必须遵循 6 个步骤来使用发票实体识别去记录日常开支，具体步骤如下。

（1）导入相关库并定义关键变量。在本例中，我们将介绍主题模型，包括使用 Gensim 的 Word2Vec，以及使用内置模块 re 的正则表达式。以下是导入所需的库的代码片段。

```
import os
import pandas as pd
from numpy import genfromtxt
import numpy as np
from gensim.models import Word2Vec
from gensim.models.keyedvectors import WordEmbeddingsKeyedVectors
import gensim.downloader as api
from gensim.parsing.preprocessing import remove_stopwords
from gensim.parsing.preprocessing import preprocess_string,
strip_tags,
remove_stopwords,strip_numeric,strip_multiple_whitespaces
from scipy import linalg as LA
import pickle
import re
from sklearn.model_selection import train_test_split
from sklearn.neural_network import MLPClassifier
from sklearn.preprocessing import StandardScaler
from sklearn.metrics import classification_report,roc_curve,
auc,confusion_matrix,f1_score

#please run this in terminal: sudo apt-get install libopenblas-dev
model_word2vec = api.load("text8") # load pre-trained words vectors
```

（2）定义后面需要使用的函数。将有两组函数，一组函数（我们称它们为2A）用于训练
和测试神经网络，另一组函数（我们称它们为2B）用于将文本转换为数值。以下是定义用于
发票实体识别函数的代码片段。

```
#2. Define functions relevant for works
##2A Neural Network
##2A_i. Grid search that simulate the performance of different
neural network design
def grid_search(X_train,X_test,
Y_train,Y_test,num_training_sample):
...
##2A_ii train network
def train_NN(X,Y,target_names):
...
#2B: prepare the text data series into numeric data series
#2B.i: cleanse text by removing multiple whitespaces and converting
to lower cases
def cleanse_text(sentence,re_sub):
...
#2B.ii: convert text to numeric numbers
```

```
def text_series_to_np(txt_series,model,re_sub):
    ...
```

（3）准备数据集。在本例中，我们将使用 NumPy 来存储特征，因为这些特征相当多。我们还将使用 pandas 来处理每个文件，因为在每个图像并不是太大的情况下，使用 pandas 的 DataFrame 来操作和选择列要容易很多。以下是准备数据集的代码片段。

```
#3. Loop through the files to prepare the dataset for training and testing
#loop through folders (represent different sources)
for folder in list_of_dir:
    files = os.path.join(path,folder)
    #loop through folders (represent different filing of the same source)
    for file in os.listdir(files):
        if file.endswith(truth_file_ext):
        #define the file names to be read
         ...

        #merge ground truth (aka target variables) with the blocks
         ...

        #convert the text itself into vectors and lastly a single
        value using Eigenvalue
        text_df = f_df['text']
        text_np = text_series_to_np(text_df,model_word2vec,re_sub)

        label_df = f_df['text_label']
        label_np = text_series_to_np(label_df, model_word2vec, \re_sub)
        ...
Y_pd = pd.get_dummies(targets_df)
Y_np = Y_pd.values
```

（4）执行模型。现在我们使用前面定义的函数来执行我们准备的模型。以下是执行模型的代码片段。

```
#4. Execute the training and test the outcome
NN_clf, f1_clf = train_NN(full_X_np,Y_np,dummy_header)
...
```

恭喜你！你建立了一个可以从扫描图像中提取信息的模型！

（5）从单词的空间和视觉环境中提取线索。注意这些线索是如何投射的也有助于我们将相似的单词组合在一起。对于需要原件的文件，我们可能需要查看文件中的签名或印章或标志，并将其与经过验证的真实签名或印章或标志进行匹配。

（6）将步骤（5）中的知识构成一个知识图谱。通过这个知识图谱我们就可以对文档中包含的知识有一个全面的了解。这里我们需要使用图数据库来记录这些知识（我们在第 7 章中讨论过）。

8.6　本章小结

在本章中，我们介绍了如何提取数据和通过 API 对外提供人工智能服务。我们知道了管理客户的数字数据有多么重要。我们还了解了开放银行项目和文档布局分析。我们通过两个例子了解了这些，一个是预测现金流，另一个是记录日常开支。

第 9 章还将继续关注个人银行业务。我们将学习如何为客户配置文件中缺少的信息创建代理数据。我们还将学习一个聊天机器人的例子，我们可以用它来和客户互动以服务客户。另外我们将学习使用图和 NLP 技术来创建这个聊天机器人。

09

第9章

客户终身
财富的大规模定制

在第 8 章中，我们学习了如何管理客户的数字数据。我们还讨论了开放银行项目和 API。另外，我们学习了文档布局分析，还学习了一个典型的美国家庭的现金流预测示例。然后，我们学习了另一个使用发票实体识别记录日常开支的示例。

在本章中，我们将学习如何结合调查数据进行个人数据分析，并学习如 Neo4j 之类的图数据库技术。我们将介绍构建一个聊天机器人为客户提供 7×24 小时全天候的服务。我们还将通过一个例子来学习如何使用 NLP 和 Neo4j 来预测客户的反应。之后，我们将学习如何使用 Cypher 来操作 Neo4j 中的数据。

本章将讨论以下主题。

- 财富工具的金融概念。

- 集成学习。

- 预测客户反应。

- 构建聊天机器人为客户提供全天候服务。

- 基于 NLP 和图的知识管理。

9.1 财富工具的金融概念

在本节中，我们将探讨个人银行业务营销人员提出的几个问题。然后，我们将研究另一种重要的模型开发技术——集成学习，它将有助于组合来自不同模型的预测。

财富的来源

个人银行（又名零售银行）客户分析中极常见的任务之一就是检索额外的数据以帮助我们了解客户的投资行为和模式。毫无疑问，我们将会知道客户的反应，但模型的工作是找出他们为什么会做出这些反应。令人惊讶的是，关于个人行为的汇总信息（例如人口普查数据）是如此之多。我们还可以从社交媒体中找到相关数据，因为通常客户会使用社交媒体进行身份验证。然后，可以将这些相关的社交媒体数据与我们在银行内部观察到的个人级别的事务数据关联在一起。为了解释个人银行客户的行为，我们需要一些补充数据，即关于他们财富的信息。

客户生命周期

典型的客户生命周期包括 3 个主要阶段：获客期、交叉销售/升级销售期和维护期。图 9-1 所示为这 3 个阶段。

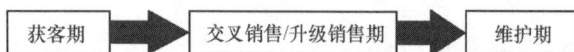

| 获客期 | ➡ | 交叉销售/升级销售期 | ➡ | 维护期 |

图 9-1

获客期是指我们开始与客户建立商业关系的阶段。然后，我们继续对客户进行交叉销售和升级销售。交叉销售是指通过关联性给客户销售更多相关的产品/服务。升级销售（又名追加销售）是指向客户销售其已购买产品/服务的升级品、附加品或者其他用以加强其原有功能与用途的产品/服务。维护期是指与客户保持关系，是银行为保持客户关系而采取的一种防御性的、避免丢失客户或者避免竞争对手抢走客户的行为。我们的第一个示例涉及交叉销售（如果客户还没有购买该金融产品）和升级销售（如果客户已购买该金融产品）。

9.2　集成学习

集成学习是一种有助于提高预测准确率的建模技术。集成学习将多个模型进行汇总以获得更准确的预测结果。集成学习有很多具体实现方法，这里我们将使用随机森林，即将许多决策树集成起来构建成一个森林，然后应用逻辑来砍掉那些性能较低的树。另一种方法是将多个较弱的模型集成起来以产生较强的结果，这称为增强集成学习方法（又名 boosting 方法）。我们在这里不过多讨论了，但是我们鼓励读者深入研究 scikit-learn 的相关文档。

9.3　预测客户反应

到目前为止，我们还没有谈到个人银行业务的日常营销活动。现在，终于到了如何得出业务的市场前景这一步。尽管每个客户的情况都不一样，但是仍然可以通过算法用相同的方式来处理。

在本例中，你将扮演数据科学家的角色，负责预测定期存款产品的营销活动。有关银行内部客户数据以及市场活动反馈的数据可以从美国加利福尼亚大学尔湾分校信息与计算机科学学院（The Bren School of Information and Computer Science, and the University of California, Irvine）的机器学习和智能系统中心获得。有关个人财富的调查数据来自美国人口普查局，这些数据是对世界银行内部数据的补充。

解决方案

完成该示例有 4 个步骤。

（1）我们将引入随机森林，这是一种利用了集成学习的机器学习算法，随机森林允许用多个模型去进行预测。

最终产生的模型是集成了多个模型的组合。以下是导入所需库并定义变量的代码片段。

```
#import libraries & define variables
import pandas as pd
import os
from sklearn.ensemble import RandomForestClassifier
from sklearn.datasets import make_classification
```

（2）通过人口普查数据可以得到有关某年龄组在银行的存款和财富数据。以下是处理人口普查数据的代码片段。

```
cat_val = ''
cat_dict = {}
for index, row in df_xtics.iterrows():
    ...

df_bank['age_c'] = pd.cut(df_bank['age'],
[0,35,45,55,65,70,75,200])

#ID Conversions
df_bank['age_c_codes']=df_bank['age_c'].cat.codes.astype(str)
age_map={'0':'Less than 35 years'
,'1':'35 to 44 years'
,'2':'45 to 54 years'
,'3':'55 to 64 years'
,'4':'.65 to 69 years'
,'5':'.70 to 74 years'
,'6':'.75 and over'}
```

（3）我们映射一列数据，通过年龄来引入财富数据。以下是将人口普查数据与世界银行数据相结合的代码片段。

```
#3. map back the survey data
df_bank['age_c1']=df_bank['age_c_codes'].map(age_map)
df_bank['age_c1_val']=df_bank['age_c1'].map(cat_dict['Age of Householder'])

X_flds = ['balance','day', 'duration', 'pdays', 'previous', 'age_c1_val']
X = df_bank[X_flds]
y = df_bank['y']
```

（4）以下是用于训练模型的代码片段。

```
X, y = make_classification(n_samples=1000, n_features=3,
                           n_informative=2, n_redundant=0,
```

```
                              random_state=0, shuffle=False)
clf = RandomForestClassifier(n_estimators=100, max_depth=2,
                              random_state=0)
clf.fit(X, y)
print(clf.feature_importances_)
```

恭喜你！你已经将外部数据集与内部数据集合并，以增强我们对客户的了解。

9.4　构建聊天机器人为客户提供全天候服务

当我们与机器人互动时，我们期望它能理解我们并与我们交谈。让机器人为我们工作的好处在于它可以 7×24 小时全天候为我们服务。现实地说，现在的聊天机器人与客户互动的效果较差，因此我们应该尝试分解这些聊天机器人的组成部分，以提高质量。对于以业务为主的应用程序开发，其实使用 Google 公司的 Assistant、Amazon 公司的 Alexa、IBM 公司的 Watson 的 SDK 即可，不需要从零开始实现。但是出于学习目的，现在让我们将这些组成部分进行分解，并将重点放在关键的挑战上，如图 9-2 所示。

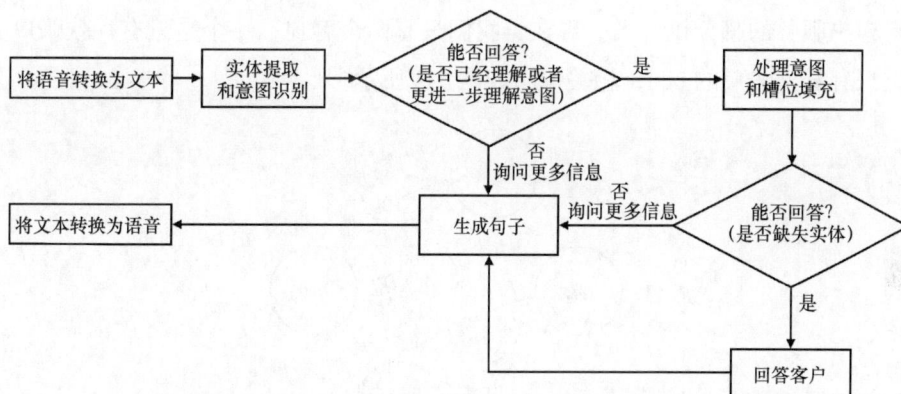

图 9-2

聊天机器人执行两种高级的操作。一种是将输入从语音转换为文本，另一种是将输出从文本转换为语音。这两种操作都离不开背后的实体提取和意图识别。在本例中，结果文本是一个实体，而结果文本的含义则是一个意图。结果文本表示了服务请求者和服务提供者之间的对话。当收到传入的服务请求时，聊天机器人会将语音指令转换为文本，并为接收到的信息构建上下文。一旦上下文构建完成，聊天机器人将处理这些信息，并以文本格式生成输出结果。聊天机器人必须将其转换为语音输出，然后将其呈现给服务请求者。图 9-2 解释了这一场景。

现在，让我们只关注聊天，而不去关注语音识别和话语。也就是说，让我们忽略从语音到文本和从文本到语音这两部分内容。在我看来，由于完成这项任务需要大量的机器和内存，而且数据在很多地方都是通用的，因此这项任务并不适合由初创企业去完成。相反，我们应该把它交给拥有强大基础设施的主流云提供商来完成。

对于纯文本聊天，重点应该放在意图识别和实体提取上。意图识别是通过分类的办法将句子或者我们常说的 query 分到相应的意图种类中。虽然我们在第 8 章已经讨论了实体提取，但是在提取输入数据的实体之前仍然需要对输入数据进行分类。意图识别的工作原理类似于实体提取的，但其是将整个句子作为一个实体进行分类的。

虽然使用 ChatterBot 或 Rasa NLU 构建聊天机器人是非常常见的，但是出于学习目的，现在让我们自下而上地分解一下组成部分。

现在简单地假设我们是一家只提供存款和贷款业务的银行。我们将构建一个简单的、只能为现有客户服务的聊天机器人。现在，我们只有两个客户，一个是只有存款账户的 abc，另一个是只有贷款账户的 bcd，相关说明如图 9-3 所示。

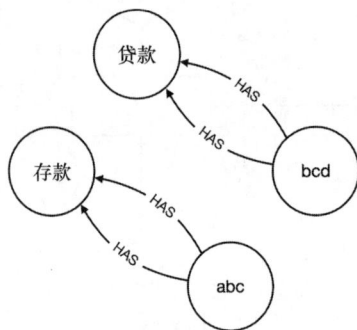

图 9-3

abc 的存款余额为 100 个单位，定价为 1。bcd 的尚未偿还贷款为 100 个单位，定价为 2。

9.5　基于 NLP 和图的知识管理

9.5.1　基于图数据库的知识检索

要使机器在客户服务中像人类一样说话，关键要素之一就是对话组件。当进行对话时，人类客户可能无法提供机器处理所需的全部信息，这是正常的。人类通过"模糊处理"能够很好地应对这方面的工作。人类可以理解上下文，因此可以在没有明确提及概念的情况下推断对话的意思。我们知道机器只能解决确定的问题，而人类可以处理模糊的问题，机器的工作就是从所提供的知识图谱中推理出客户想要表达的意思。我们将学习如何使用图数据库进行知识存储。知识存储是当前知识表示领域中的一个挑战，其可用于赋能人工智能以提供专业级的金融业务。

在讲解聊天机器人之前，我们需要先了解知识管理。从本质上讲，我们有两种方法来检索和更新现实工作中的知识。一种方法是在向量空间中存储知识，并在运行时使用 Word2Vector 和 BERT 等程序将文件读入内存。另一种方法是将知识存储到一个图数据库中，例如 Neo4j，再进行检索和查询数据。这两种方法的优缺点分别在于第一种方法的速度较快，但是透明度较低；第二种方法的速度较慢，但是透明度较高。对于需要高速度的任务，第一种使用内存的方法会表现得更好；但对于需要透明度（如银行决策，需要完全透明）和需要持久性记录保存（如数据更新）的任务，我们会使用第二种方法。然而，就像我们在第 7 章简要介绍的示例一样，NLP 需要先从文档中提取信息，然后才能将这些信息以图格式存储进图数据库。

9.5.2　具体实施

以下是实现该示例的步骤。

（1）使用 Cypher 将 CSV 文件导入数据库。我们假设这些 CSV 文件是从传统 SQL 数据库转储的。以下是要在命令行执行的命令。

```
sudo cp dataset.csv /var/lib/Neo4j/import/edge.csv
sudo cp product.csv /var/lib/Neo4j/import/product.csv
sudo cp customer.csv /var/lib/Neo4j/import/customer.csv
```

（2）打开浏览器并导航到 http://localhost:7474/browser/。然后，创建用户名并设置密码。这一步只需要执行一次。

```
username: test, password: test
```

（3）删除所有节点。

```
MATCH (n) DETACH DELETE n;
```

（4）创建客户数据。

```
LOAD CSV WITH HEADERS FROM "file:///customer.csv" AS row
CREATE (c:Customer {customer_id: row.customer});
```

（5）创建产品数据。

```
LOAD CSV WITH HEADERS FROM "file:///product.csv" AS row
CREATE (p:Product {product_name: row.product});
```

（6）加载边数据。

```
LOAD CSV WITH HEADERS FROM "file:///edge.csv" AS line
WITH line
MATCH (c:Customer {customer_id:line.customer})
MATCH (p:Product {product_name:line.product})
MERGE (c)-[:HAS {TYPE:line.type, VALUE:toInteger(line.value)}]->(p)
RETURN count(*);
```

（7）匹配并返回数据。

```
MATCH (c)-[cp]->(p) RETURN c,cp,p;
```

Cypher 是一种浅显易懂的描述性语言，从上文我们可以很容易就明白：我们做的基本上就是创建产品和客户数据。然后，我们将加载连接客户和产品数据的另一个文件。

（8）我们将使用默认的参数连接到我们刚刚填充了数据的 Neo4j。这里我们可以留意一下 Cypher 的独特语法。另外，我们还加载了 NLP 模型去做输入指令的相似性分析。我们将会把 Cypher 查询存储到字典中，以提高运行速度、克服使用图数据库的缺点。读取意图后，检索查询字符串。然后，我们使用图数据库来构建知识图谱。

```
#import libraries and define parameters
from Neo4j import GraphDatabase
import spacy

#define the parameters, host, query and keywords
uri = "bolt://localhost:7687"
driver = GraphDatabase.driver(uri, auth=("test", "test"))
session = driver.session()

check_q = ("MATCH (c:Customer)-[r:HAS]->(p:Product)"
 "WHERE c.customer_id = $customerid AND p.product_name = \
  $productname"
 "RETURN DISTINCT properties(r)")
...
intent_dict = {'check':check_q, 'login':check_c}

#list of key intent, product and attribute
product_list = ['deposit','loan']
attribute_list = ['pricing','balance']
intent_list = ['check']
print('loading nlp model')
nlp = spacy.load('en_core_web_md')
```

（9）为了便于演示，我们将使用图数据库进行身份验证。但是身份验证并不是图数据库所擅长的，SQL 数据库才擅长做身份验证。因此在实际工作中，我们应该使用 SQL 数据库对用户进行身份验证和正确标识。以下是验证用户身份的代码片段。

```
if name == '' or reset:
    name = input('Hello, What is your name? ')
    print('Hi '+name)
    #check for login
    query_str = intent_dict['login']
    result = session.read_transaction(run_query, query_str, name, \
                            product, attribute, attribute_val)
```

句子意图和实体提取是通过 spaCy 进行相似度分析实现的。基于预训练的词向量（word-to-vector）模型，将意图和实体上的保留词与输入的句子进行比较，以提取相关的意图和实体。该模型是简化了的，所以能给读者留下大量的创作空间。在假设我们已经建立了相关模型来执行相关分类任务的前提下，可以使用更好的语言模型（如 BERT）来改善提取工作。以下是用于提取实体和添加意图的代码片段。

```
#Sentences Intent and Entities Extraction
input_sentence = input('What do you like to do? ')
if input_sentence == "reset":
    reset = True
entities = intent_entity_attribute_extraction(nlp, input_sentence, \
                         tokens_intent, tokens_products, tokens_attribute)
#actually can build another intent classifier here based on the scores and
words matched as features, as well as previous entities
intent = entities[0]
product = entities[1]
attribute = entities[2]
attribute_val = entities[3]
```

1. 交叉检查并进一步请求补充缺失信息

程序将不断地询问用户意图、产品和属性，直到其清楚地知道这 3 条信息为止。我们在这些参数分类的底层代码中部署了 Word2Vec 以简化分类。实际上，我们可以通过一流的主题分类模型，例如 BERT，来理解语言和主题。以下是向用户请求补充缺失信息的代码片段。

```
while intent == '':
    input_sentence = input('What do you want to do?')
    entities = intent_entity_attribute_extraction(nlp, input_sentence, \
                    tokens_intent, tokens_products, tokens_attribute)
    intent = entities[0]

while product == '':
    input_sentence = input('What product do you want to check?')
    entities = intent_entity_attribute_extraction(nlp, input_sentence, \
                    tokens_intent, tokens_products, tokens_attribute)
    product = entities[1]

while attribute == '':
    input_sentence = input('What attribute of the ' + product + \
                        ' that you want to '+intent+'?')
    entities = intent_entity_attribute_extraction(nlp, input_sentence, \
                    tokens_intent, tokens_products, tokens_attribute)
    attribute = entities[2]
```

2. 提取答案

填写完所有信息后，将执行 Cypher 查询并将信息呈现给用户。以下是提取答案的代码片段。

```
#execute the query to extract the answer
query_str = intent_dict[intent]
results = session.read_transaction(run_query, query_str, name, \
                                   product,attribute,attribute_val)
if len(results) >0:
    for result in results:
        if result['TYPE'] == attribute:
            print(attribute + ' of ' + product + ' is '+ \
                str(result['VALUE']))
else:
    print('no record')
```

3. 交互脚本示例

以下是用户输入和输出结果的片段。从这些片段可以看出 NLU 确实可以使用紧密相关的单词来提取意图和实体，这要感谢 spaCy 让我们能够找到相似的单词。这个例子的重点在于说明对于那些在做出决定之前需要完整信息的决策，图数据库允许我们在执行任何指令之前管理对话并跟踪缺失信息。这是一个非常重要的功能，当我们做专业决策时，我们需要这个决策的基本原理是透明的、高度精确的，要能够让机器理解这些语言。以下是聊天机器人对话示例的代码片段。

```
loading nlp model
Hello, What is your name? testing
Hi testing
Failed to find testing
Hello, What is your name? abc
Hi abc
What do you like to do? do sth
matching...

What do you want to do?check sth
matching...
check
What product do you want to check?some product
matching...

What product do you want to check?deposit
matching...
  deposit
What attribute of the deposit that you want to check?sth
matching...
```

```
What attribute of the deposit that you want to check?pricing
matching...
    pricing
pricing of deposit is 1
```

恭喜你！你已经构建了一个非常简单的聊天机器人，以展现聊天机器人的核心功能。

这个示例很好地反映了前文介绍的使用强化学习来处理借款人和存款人数据的场景。之前，数据是存储在运行时的变量中的。现在，我们又演示了另一种可能性——将数据存储在图数据库中。实际上，与第 3 章的例子相比，如果我们将数据存储在图数据库中，而不是将其存储在 Python 程序中，那么强化学习的速度会慢一些。因此，我们将只在生产环境和应用程序级别使用图数据库。因为与需要大量计算的训练阶段相比，生产环境和应用程序级别的单个对话是可以容忍一些延迟的。

9.6 本章小结

在本章中，我们学习了 NLP 和图数据库，并了解了分析客户数据所需的金融概念。我们还学习了一种叫集成学习的人工智能技术，并学习了一个使用 NLP 预测客户反应的例子。最后，我们构建了一个聊天机器人来满足客户的需求。这些概念非常强大。NLP 能够使程序解释人类自然语言。

在第 10 章中，我们将学习在构建模型去解决日常挑战时需要牢记的实际注意事项。此外，我们还希望了解在为数据科学家配备语言以与将算法用于实际生活的 IT 开发人员进行交互时的实际 IT 考虑因素。

10

第 10 章
现实工作
中的注意事项

本章作为本书的结尾部分，给我们这段短短的金融业人工智能实践之旅划上了句号。在本章中，我们还将介绍一些有用的提示，以了解将这些人工智能技术纳入日常现实工作所需注意的事项。这一部分对应于 CRISP-DM 建模方法论的理解业务步骤，即我们在第 1 章中介绍的实施任何数据挖掘项目的实现方法。

在本章中，我们将首先总结在第 2 章~第 9 章中所学的技巧和知识，然后将介绍一些前瞻性的主题，这些主题将是我们金融业人工智能实践之旅的延伸。

以下是本章将要涉及的主题。

- 本书所涵盖技术的摘要。

- 对金融专业人士、监管机构和政府的影响。

- 如何提取特征并获取业务领域知识。

- 与人工智能部署相关的 IT 生产环境考虑因素。

- 去哪里寻找更多的用例。

- 哪些领域需要更多的实际研究？

10.1　本书所涵盖技术的摘要

本书随着金融业各个业务板块的细分，介绍了相当多的数据和人工智能技术。我们用较少的复杂公式或专业术语浏览了一遍人工智能模型。

我们学习了统计模型、优化模型和机器学习模型。在机器学习模型中，我们讨论了无监督学习、有监督学习和强化学习。在有监督学习模型运行的数据类型方面，我们讨论了结构化数据、图像和自然语言。关于数据处理，我们还介绍了一些很有帮助的抽样和测试方法。现在，我们将回顾本书迄今为止所涵盖的人工智能建模技术。

- 先从有监督学习开始，这是一种需要在学习之前对输入数据进行标注的技术。建模就是从标注中学习。

- 无监督学习并不需要给输入数据加上标注，它不需要预先经过标注或训练的数据。学习是通过基于模式和重复识别对象实现的。

- 强化学习是基于评估所达到的下一个即时目标与最终目标的距离的。这种技术需要用户立即反馈或输入才能达到最终目标。

- 人工神经网络是模拟人脑神经网络的概念。人脑中的神经元在人工神经网络中体现为节点。

- 深度学习属于机器学习和人工神经网络的研究领域之一。深度学习算法使用多个层来从原始输入数据中提取更高层次的信息。

- CRISP-DM 建模方法论是数据挖掘的一个标准。它代表数据挖掘的跨行业标准，提供了一种结构化方法来规划数据挖掘和数据分析项目。

- 时间序列分析是一种依赖于在特定时间间隔内捕获的历史数据的预测技术。在时间序列分析中，我们会确定一个观测参数，并在特定时间间隔内捕获该参数的值。这方面的一个例子就是银行分行记录的每月支出。

- 自然语言处理研究的是人类语言和机器语言之间的关系。自然语言处理在本书中的一个例子是能够理解和解释人类语言并将其转换为文本。

- 集成学习可使用多种机器学习算法来获得比单一机器学习算法更好的预测效果。

10.2 对金融专业人士、监管机构和政府的影响

本书讲述了商业银行业务（第 2 章、第 3 章）、投资银行业务（第 4 章、第 5 章、第 6 章、第 7 章）和个人银行业务（第 8 章、第 9 章）。本书使用杜克能源公司示例贯穿了商业银行业务和投资银行业务部分。在投资银行业务部分，我们首先介绍了公司发行证券的买方投资团体，然后在第 6 章和第 7 章介绍了卖方。在我们讨论了投资话题之后，我们将话题延续到第 8 章、第 9 章。

本书还讨论了客户的数据聚合问题。从本质上讲，银行的所有客户（个人、公司和机构）都将以集中的方式拥有和管理其数据，以培育其自己的资产——数据。

消费者市场帮助我们看到了旨在推动数据管理前沿发展的各种类型的组件。对于公司和机构而言，与法人实体有关的数据要复杂得多，需要更好的知识管理模型来组织、描述公司和机构的数据。

实际上，组织公司和机构相关数据的方式尽管在 21 世纪初曾是商学院的一个热门，但是在知识管理时代已经不再讨论了。

知识管理领域有着各种模型和框架，但是缺乏许多组织需要的旨在以最小努力获得知识体系的技术解决方案。当年在一家咨询公司工作时，我深知维护知识体系的痛苦，而业务知识的知识体系又是咨询业的核心资产。现在，我们将回到这个主题，要让机器智能化，做出具有专家水平的财务决策。当我们能够以数据质量管理的名义显式地维护机器人时，机器人的业务范围将会扩大。

10.2.1 对金融专业人士的影响

关于金融业目前业务模式的改变，人们正进行着永无止境的辩论。我个人的观点是，无论怎么改变，关于前瞻性风险和回报预测的核心决策仍然是需要的。归根结底，我们需要银行为未来的活动提供资金，而这些活动在我们做出财务决策时并不完全确定。我们还要对未

来的财富做出决策，我们也还没有完全控制这些财富。发生改变的是，由于计算机的影响，对风险和回报分析观点的更新速度加快了，以及这些原本由专家做出的决策交给非专业人士去做的数量迅速增加了。

纵观当今的金融业，不仅有金融业的专业人士，还有政府、监管机构和消费者，政府、监管机构和消费者也将一起推陈出新，创造出更高效的金融市场，通过技术让拥有明确所有权的数据自由流动，为各行业的决策提供价值。

在整个行业中，开放 API 仍然是一个痛点。根据迈克尔·E.波特（Michael E.Porter）的五力模型，就公司的竞争定位而言，这是一个让新进入者叫屈的话题。

开放 API 只是获取数据的一个网关。除此之外，金融业对于客户数据的存储标准还没有定论。的确，API 看起来很时髦，但在处理客户如何存储数据以符合自身利益的问题上，API 也带来了巨大的问题。对于个人客户来说，考虑这个似乎不太理想，因为数据的可用性很依赖于个人客户对数据的处理和分析能力，有能力的个人客户和没有能力的个人客户之间存在两极分化。

10.2.2　对监管机构的影响

监管机构向银行发出指示就是尽了最大努力的时代已经过去了。现在已经有模型和验证来保证服务质量和保护投资者的利益了。投资者需要知道那些可能会导致金融估值波动的特征。也许及时性会成为关键，而不是期望银行对可能发生的事情有明确的看法。银行设定的风险事件概率是可以被验证的。

10.2.3　对政府的影响

我们要如何提供一种技术来允许个人拥有他们的数据？在存储个人身份及其所有足迹数据方面，政府要如何发挥主导作用？政府制定个人数据标准将有助于降低共享、存储和让个人管理自己数据的经济成本。

欧洲的 GDPR 是一个很好的法规，但它本质上缺乏执行落地所需的技术，就像知识管理的情况一样。同样，描述公司、组织、机构和公共市场之间相互作用的数据（如证券交易所拥有的数据）将被视为应由政府提供的公共设施。

本着公共利益的理念，政府的目标不是赚取巨额利润，而是提供公共服务以促进经济活动的开展。我认为，政府有必要对公共领域数据的分发方式进行更多的干预。这将给计算机提供一个更容易工作的环境，因为数据的可用性问题是本书的基础。不难看出数据的可用性问题是如何对人工智能在各行各业经济活动中造成更大阻力的。为了平衡这种与数据相关的开放性，我们再次要求对数据进行更好的控制，无论是公司还是个人。

在允许数据可用方面，开放数据一直是一个时髦词。开放政府数据可能会涉及如证券交易所数据之类的问题，这些数据有时是由准政府机构根据特定的许可证或条例管理的。同样，开放银行数据也受到全球金融监管机构的推动，成为向银行客户提供他们自己数据的驱动力。

在实践层面上，数据是人工智能的关键要素。在某些情况下，数据的清理、维护和提供是作为一种福利的，而这种福利是需要花纳税人的钱的！然而，花费在数据维护上的资源还取决于人工智能用例，这些用例可以在自动化和做出更好决策方面节省成本。按照这个简单的逻辑，必须有人为此支付费用：要么通过政府预算中的共享池（也就是纳税人，包括你）支付，要么就是使用数据的人（还是你）支付。在数据可访问性方面的挑战之一是跟踪数据的使用情况。如果能让任何使用这些数据的人对特定的数据点（细致到字段级别）付费，这就相当容易了。

人工智能可以成为明天的"电力"，但数据将首先作为今天的"电力"被提供。

10.3　如何提取特征并获取业务领域知识

到目前为止，我们还没有解释从哪里获取业务领域知识。一个典型的人工智能项目需要我们从金融专业人士的角度出发。那么从哪里开始呢？以下内容将会对你有所帮助。

- 金融专业人士所用的教材和培训课程：较简单的方法就是遵循这些教材和培训课程。这些教材和培训课程包括针对各自工作类型设计的行话、方法和流程。

- 银行和金融业研究论文：在寻找正确数据方面，银行和金融业研究论文被证明是一种非常有价值的资源。它不仅会展示从何处获得数据，而且会展示那些具有强大预测能力的特征。然而，我们通常不会迷失在论文和市场两者特征不一致的情况中。我们只是在研究人员的理论的支持下，尽可能地把它们全部纳入。

- 观察仪表板：各种商业智能（Business Intelligence，BI）报表捕获了对人类用户有意义的关键特征。这些 BI 报表中所使用的数据字段就是很好的、可以生动描述人类专家所规定问题的特征。

- 流程手册：如果你在一个已经建设好流程和程序的成熟组织中工作，那么流程手册将是一种描述人类工作方式的宝贵资源，特别是处理密集型工作的流程手册。

- 制度：有人说制度是设计思维，有人说制度能让人试着以一种假设的方式完成任务，从而能够设身处地从金融专业人士的角度出发解决问题。

- 观察儿童的发育过程：如果你的业务领域与感知和交流信息等任务相关，那么你可以通过观察儿童的发育过程来发现人类是如何学习建立这些智能的，并了解神经结构应该是什么样子的。

- 查找 Excel 文件资源：Excel 已经成为商学院的主要工具之一，尤其是在金融建模领域，Excel 是一种半标准化的决策形式。查看这些 Excel 文件可以作为一个很好的起点，能帮助我们去理解人类是如何做出决策的，以及与做决策相关的复杂规则。

以上几点涵盖了业务领域的考虑因素，但是我们还需要考虑推出模型时 IT 方面的考虑因素。

10.4 与人工智能部署相关的 IT 生产环境考虑因素

如果在金融业的日常决策中没有用到算法，人工智能将只会停留在文件层面而不能落实。当然，趋势是将算法融入人工智能作为服务提供给编写业务应用程序的软件开发人员。除此之外，还有一系列需要满足的条件。

- 加密：数据是关键，很多所有人工智能都运行在敏感数据上。即使使用缩放器将数据更改为 0 ~ 1 来对数据进行匿名处理，加密也仍然很重要。我们要确保当数据通过网络传输时，加密是到位的，并且数据要保存在加密的数据库中。

- 负载均衡：需要有足够的处理能力来处理服务请求，以及需要足够的服务器来运行算法。随着云服务提供商无服务器化（serverless）服务的趋势，这一问题似乎有所改善。然而，这个问题实际上仍然存在，它只是被外包出去了而已。作为一名工程师，对容量和如何处理负载有一个正确的认识关系到你的服务水平。我们需要一个随时可用的智能机器人，而不是一个当人们迫切需要时就会因处理能力不够而消失的智能引擎。要做到这一点，需要制定使用流量、硬件和软件容量的规划，以及在流量变化的时候执行这些规划的方法。

- 身份验证：组织对身份验证通常有自己的偏好。这些偏好会对客户体验产生相当大的影响，并且安全性仍然是一个值得关注的问题。

10.5　去哪里寻找更多的用例

本书列举的人工智能应用主要集中在银行前台服务方面，后台处理工作方面并没有详细介绍。退一步说，如果你想开始自己的项目，你应该在哪里寻找机会？

- 工作时间长、重复的工作：这些都是具有丰富数据以及能让计算机茁壮成长的地方。

- 劳动力需求大的工作：在商业用例中，很容易就能找到那些需要大量劳动力的工作种类。这些工种在人工智能方面可能有着巨大的商业潜力和易于论证的实现。

- 人力成本高的工作：如果我们令金融触手可及，那么我们能否提高人力成本高的工作的生产率？以投资银行家、证券结构师和对冲基金交易员为例，我们能否通过人工智能来减少他们花在非核心业务/工作上的时间？

- 独特的数据集：如果这个数据集不能被局外人访问，那么该领域没被关注的可能性很大，因为研究人员和初创企业一般无法发现这些问题。

10.6　哪些领域需要更多的实际研究

在某些领域，本书已经触及了研究的"天花板"。以下这些领域可能有助于推动人工智能在金融业的应用。

- 自主学习：若计算机能够自主学习，那么人工智能就可能会取代人工智能工程师的工作。鉴于当今数据的丰富性，具备这种能力的计算机将能够使用其网络结构本身来自主学习。

- 人工智能的透明度：随着计算机做决策的潮流出现，人类将对其决策过程的透明度有更多要求。

- 知识体系：就专家知识而言，进一步的研究将着眼于各个组织如何使用人工智能来生成知识体系。实际上，以维基百科形式存储在 BERT 或任何语言模型中的知识并不能用于人类消费或知识培养。我们要如何才能压缩知识图谱将其形成一个神经网络？

- 数据掩蔽：要让数据自由传输和交换，一种灵活的数据掩蔽机制是很重要的，这种机制要能够保持数据字段内和字段之间的分布特性。这种机制要允许数据在研究人员之间共享，甚至可以开源，以供数据科学家"攻击"。与良好的数据掩蔽机制相关的问题是，数据所有者是否可以与研究社区共享他们的数据，以应对现实世界的挑战？政府是否应该将这种行为视为捐赠，将其抵税以鼓励越来越多的数据所有者共享其数据。

- 数据聚合和标准化：如何对客户数据进行标准化，以及如何允许个人和公司拥有和管理其自己的数据是一个值得研究的领域。

- 跨学科任务聚焦应用：为了发现更多研究主题，不同学科研究人员聚集在一起共同解决任务焦点问题，而不是处理旨在处理单个研究主题的数据集，这是非常重要的。

- 数据生命周期技术：由于数据在很多地方都被使用，并且会跨系统地被修改、更新和复制，因此我们是否有正确的技术来跟踪这些变化呢？一旦我们能够跟踪这些变化，我们就可以将其价值归因于数据供应链中的贡献者，以激励数据生产。有人提倡使用区块链，但在区块链上保存大量数据似乎并不实际。

10.7　本章小结

本章旨在展示目前使用公共领域信息技术方面的可能性。我希望这有助于培养一批人才和研究人员队伍来帮助这个行业发展。

　　有很多书的内容纯粹是设想；也有些书只讨论技术而没有触及业务问题的核心；还有很多书充满着数学公式，让人看起来像是"读天书"。本书架起了设想和技术之间的"桥梁"。本书涉及的代码都是开源的，作者很高兴通过代码建立了技术解决方案，希望有更多的初创企业借鉴。对于业内专业人士和那些希望提升自己技能的人，希望本书能展现一些有趣的领域，以帮助读者进一步巩固相关知识。

　　本书只是一个开端，人工智能的世界大有可为！